本成果受到中国人民大学 2019 年度"中央高校建设世界一流大学（学科）和特色发展引导专项资金"支持

Spatial Econometrics and
Empirical Study in Public
Finance

空间计量与
财政实证研究

雷敬华 ◎著

中国财经出版传媒集团

经济科学出版社
Economic Science Press

目 录 CONTENTS

第1章 导论

1.1 研究背景

人类的经济活动总是在一定的时间和空间维度上进行的，因此，经济现象不仅会表现出时间维度上的相关，有时也会表现出空间维度上的相关。正如我们经常看到的，经济发达地区总是连成一片，相关或相似产业也倾向于在同一地理空间集聚。这种空间交互关系产生的原因可能是多种多样的：一是观测数据地理位置接近，正如地理学第一定律（First Law of Geography）所言（Tobler，1970），所有事物都与其他事物相关联，但较近的事物比较远的事物更关联。二是模仿行为，同一群体中的个体会模仿特定个体的行为，如社会经济学所讲的同伴效应（peer effect）。三是个体之间的相互合作或竞争可能会导致空间相关性，如政府之间的税收竞争、支出竞争等。四是溢出效应（spillover effect），即个体在进行某项活动时，不仅会产生活动所预期的效果，还会对其他个体产生影响。例如，地理位置上靠近高校或者科研院所有利于增强企业的创新能力；测量误差也可能导致统计数据具有空间相关性，因为数据一般是按照行政区划统计的，而这种行政划定的空间单位与研究问题的实际边界很可能不一致。

当观测数据不再具有独立性，而存在空间相关性或是空间异质性时，标准的计量经济学模型和估计方法将产生偏误。空间计量经济学正是为了处理这些空间交互关系而发展起来的。总的来讲，空间计量经济学是以计量经济学、空间统计学和地理信息系统等科学为基础，以探索建立空间经济理论模型为主要任务，利用经济理论、数学模型、空间统计和专业软件等工具对空间经济现象进行研究的一门新兴交叉学科。空间计量经济学已经发展成为计量经济学的一个重要分支。

自20世纪70年代以来，空间计量经济学在经济学理论和应用研究方面产生越来越重要的作用。1974年5月，佩林克（Paelinck）在荷兰统计协会年度会议上提出建立一个计量经济学的分支。佩林克和克拉森（Paelinck and Klaassen，1979）的《空间计量经济学》（*Spatial Econometrics*）一书，作为区域和城市计量经济学模型的方法论基础，并没有给出确切的定义，只是提出了未来空间计量经济学模型形成和发展的五个准则：空间依赖性；空间关系非对称性；空间距离解释变量；对事前和事后的交互作用进行区分；空间模型中包含空间（拓扑）因素。后来，这些被安赛林（Anselin，1988，1992）、海宁（Haining，1990）及克雷西（Cressie，1991）等进一步发展、拓展，并建立更有效的空间计量模型，使空间计量经济学理论逐步完善。

最近40年来，空间计量经济学获得了巨大发展，开始从学科边缘进入计量经济学的主流，不仅在区域经济学、城市和房地产经济学及经济地理学等传统关注空间的经济学科中成为标准分析工具，而且在政治学、国际经济学、劳动经济学、公共经济学、金融学、资源和环境经济学以及发展经济学中也得到了广泛的应用。

近年来，随着空间计量经济学在公共经济学中的广泛应用，"空间财政"的概念应运而生（Revelli，2005），主要指在传统理论基础上引入空间计量定量研究财政行为的空间效应。更确切地，空间财政是指在一定地域范围内的财政行为主体基于空间依赖关系而产生的财政资源跨辖区配置活动，以及对这些活动进行规制协调的统称。在这里，空间并非确指某种地理特征、经济区域或行政辖区，而是一个具有抽象内涵和具体外延的理论概念，特指某种经济行为所具有的内在空间属性和外在空间效应。

从财政学的近代发展来看，规范分析主要基于庇古的福利经济学、萨缪尔森的公共支出理论、马斯格雷夫的三分支模型（即资源配置、收入分配和经济稳定三大财政职能)、布坎南等的公共选择理论、蒂伯特的地方财政理论、奥茨等的财政分权理论等。在理论内涵日益丰富的同时,研究内容和研究方法也不断拓展和延伸。从主流经济学的观点看,这些研究大都遵循新古典主义完全竞争条件下边际分析方法和一般均衡框架。但是,现实经济中普遍存在的规模收益递增和垄断竞争条件下的经济集聚现象难以在上述框架下得到充分的解释。另外,资本、劳动力、知识和技术等生产要素往往集聚在经济发展水平较高的地区,这种地区差距和结构化矛盾在现实经济中日益凸显。为了缩小地区差异和提升财政能力,地方政府之间的财政博弈日益多样化,主要体现在直接或间接的收支竞争、政治锦标赛式的模仿以及通过合作等方式进行的利益分享等。因此,不论是从理论还是现实的角度来讲,经典财政理论都亟须通过研究范式的创新而得到补充。近年来,国内外许多学者在空间经济学框架下讨论公共经济和公共政策的文献成果大量涌现,可以说,空间经济学范式的应用和创新为空间财政理论研究提供了比较坚实的微观基础,进一步丰富了财政学和公共经济学的理论内涵。

探讨空间计量经济学理论模型及估计方法在财政学主要核心问题上的应用,对于财政学理论和实证研究都具有重要作用。因此,本书首先从宏观视野着眼,对空间计量经济学主要理论模型和估计方法以及相关的实证研究进行综述,然后就几个特定的财政问题,重点阐述前沿空间计量经济学模型及方法在财政学实证研究中的应用。

1.2　研究内容

全书共分为 6 章。

第 1 章主要介绍研究背景和研究内容,并给出逐章摘要,供读者简要了解本书各章的核心观点。

第 2 章主要对空间计量经济学理论模型及应用实证研究进行综述。第2.1 节就已有的空间计量经济学模型的基本体系及其架构进行总结,从模型背景和模型基本设定等方面来介绍现有的常见的空间计量经济学模型。

由于空间权重矩阵可以看作空间计量经济学的核心，所以本节首先介绍空间权重矩阵的定义及其常见的构造方法；然后介绍几种常见的横截面空间计量经济学模型，包括空间滞后模型、空间误差模型、空间杜宾模型，以及一般的空间计量经济学模型等；接下来基于数据从横截面拓展到面板数据，对常见的面板数据空间计量模型进行总结和介绍，包括静态的和动态的、固定效应和随机效应的空间面板数据模型；最后放松线性回归模型的假设，讨论常见的非线性空间计量模型，尤其是受限被解释变量的空间计量模型，并对未来可能的研究方法进行展望。第 2.2 节主要对空间计量经济学在实证方面的研究进行综述。随着空间计量经济学近 40 年的发展，空间计量的方法被广泛应用于社会科学的各个方面，包括政治学、经济学、金融学、犯罪学、社会学等。最近的研究尤其关注经济学领域，涉及的内容包括政府竞争、空间溢出、城市发展和组群经济、贸易和经济增长、创新等。第 2.3 节就空间计量经济学在财政问题上的实证研究进行综述。首先对国外的主要文献进行概述。空间计量经济学在公共财政领域的实证研究主要集中在联邦制国家地方政府间的策略性互动行为，包括支持竞争、税收竞争和标尺竞争等。然后对国内的相关文献进行综述。由于我国的财政分权、财税征管运行体制具有诸多方面的独特性，因此实证研究的视角与具体内容也与西方学者存在一定的差异。研究主要可以分为两类：一类是对财政收支的空间溢出、经济增长的空间效应进行的实证研究；另一类是对政府间支出竞争、税收竞争等策略行为的实证研究，主要包括财政竞争的识别、标尺竞争、税收外部性，以及土地财政等。

第 3 章主要介绍联立方程网络方法（a simultaneous equations network approach），包括模型的设定和主要估计方法，并应用该模型研究我国县级地方政府之间多种财政支出之间的策略互动行为。由于地方政府间的财政竞争、模仿和互动是一个复杂的网络系统，因此，经典的空间计量模型虽然可以在一定程度上对政府间的策略互动进行识别和估计，但可能会忽略或无法识别除了内生同伴效应（endogenous peer effect）之外的其他互动效应。为了更好地模拟和估计中国各地方政府在财政支出上的互动，不仅要考虑地方政府之间在多种支出上的空间依赖性，还要考虑同一城市内公共支出的不同组成部分之间的内部竞争，为此，我们采用了联立方程网络方法。本章采用中国的县级财政数据进行研究，发现中国地方政府之间在基本建设支出上存在着正的内生同伴效应，因此，中国地方政府的基本建设支出上的财政互动以支出竞争而不是支出的外部效应为主；基本建设支出和行政管理支出之间是互补而非替代关系；地方政府在社会福利支出上不存在财政竞争关系；行政管理支出对社会福利支出有着较强的挤出效应，并且地方政府在社会福利支出上不存在财政模仿，这可能是与中国县级官员不是由当地居民选举产生且不对他们负有直接责任有关。

第 4 章主要介绍空间久期（空间生存）模型，并应用该模型研究增值税采用的问题。传统的空间久期模型通常将一些异质性（frailties），诸如不可观测的异质性等假定为空间相关的，然而空间效应可能并不仅仅存在于不可观测的误差之中，在基准风险和因变量中也可能同样存在。本章建立了一个新的空间久期模型，将上述三种可能的空间相关性结构都纳入模型考虑的范畴，并用其对 99 个国家（地区）在 1970 ~ 2009 年的增值税的使用进行研究。通过贝叶斯方法，用马尔科夫链蒙特卡洛模拟对模型参数做出估计，估计结果表明，邻国间在增值税的使用上存在显著的空间相关性。不论使用邻近权重矩阵还是距离权重矩阵，政府在采取增值税问题上都存在很强的战略联系，且这一结果对包含或不含有异质性的模型均相当稳健。与非洲国家（地区）相比，欧洲国家（地区）更倾向于采纳增值税，而中东及中亚国家（地区）采用概率则较低。此外，增值税的采用存在"区域性爆发"现象。各个国家（地区）同时采用增值税，或将因此而从捐赠国提供的区域性协调技术支持中获益。

第 5 章研究了采用单一税的决定因素，以及该税制能否提高税收收入。通过利用 75 个发展中工业化国家 1990 ~ 2011 年的面板数据，分别估计了单一税采用方程和收入方程。对于单一税采用方程的估计，三个久期模型（一个标准久期模型和两个空间久期模型）的估计结果通常是一致的。首先，国家在税收政策上具有税收模仿性：当同一区域的其他国家已采用单一税，本国采用同样税收政策的概率会提升，这可能反映了各国观察并效仿其他国家成功案例的理性学习行为。其次，采用单一所得税与政府右倾化的社会偏好正相关。再其次，国际货币基金组织（IMF）贷款计划的引入会提高一个国家采用单一税的可能性，但只在标准久期模型中单独考虑时其影响才是显著的。最后，制度质量较低的国家更有可能采用单一税制。这是因为制度质量环境较差的国家，政府很难严格执行征税，尤其是针对富人，因此这些国家的逃税现象更为普遍。由于单一所得税在避免逃税，尤其针对高收入等级分配群体时是很有效的，制度质量低的政府倾向通过转型为单一税制来提高税收合规性。收入方程的系统广义矩估计（GMM）结果显示，采用单一税的税收收入结果是非线性的。如果一个国家收入相对较低，农业规模较小，制度质量较高，那采用单一税能提高税收收入。

第 6 章主要介绍带有空间交互项的 SAR 模型的设定及其估计方法，并应用该模型研究美国财政分割对犯罪率的影响以及犯罪率的空间分布。相邻司法管辖区犯罪率的差距是美国分散化提供公共安全服务最显著的特征之一。本章研究了财政分割对这种模式形成的作用。我们建立了一个地方政府提供公共安全服务的简单模型，发现财政分割通过三个因果渠道塑造了公共安全的空间格局：竞争效应、管辖权溢出效应和蒂伯特排序（Tiebout‑sorting）效应。我们使用美国 1990 年、2000 年和 2010 年人口普查的县级面板数据进行一系列实证估计，以此检验财政分割对犯罪率空间格局的影响。为了实证检验假设机制的影响，我们提出了一个极大似然估计量，来估计带有乘积形式的空间交叉项的空间自回归杜宾模型（SAR Durbin model）。估计结果表明，财政分割通过上述的三个渠道，对美国司法管辖区犯罪率的水平、相关性和空间分布有着显著的影响。

第 2 章　相关研究成果综述

2.1　空间计量理论模型综述

本节主要就已有的空间计量经济学模型的基本体系及其架构进行总结，从模型背景、模型基本设定以及横向比较等方面来介绍现有基本体系中的几种常见的空间模型。

空间分析主要是为了研究空间问题。由于现实世界的各种现象事实上是由典型的内在规律或相依模式而形成，从而导致了所有事物都普遍具有关联性的特征，因而很难满足理想状态的完全独立随机性。在空间计量经济学的基本模型体系中，涉及两大重要因素：空间关联和模型设定。由于存在空间关联，样本数据不再满足经典传统计量经济学模型的独立同分布的古典假设。因此，如何分析和研究空间关联及其所带来的影响显得尤为重要，这也正是空间计量经济学的起点和初衷。空间关联在空间计量表达中主要是通过空间权重矩阵（spatial weighting matrix）来表现的。

2.1.1　空间权重矩阵

空间计量分析是基于空间数据样本的。空间样本通常表示与点或区域相关的观测值，并且这些样本在所设定的参照系下有确定的坐标值。空间数据样本通常可分为四种类型，即点样本、线样本、面样本或多边形样本，以及网络样本。通常我们关注的是第三类样本数据，也就是面样本。假定空间数据在每个区域、每个时间点内有一个观测值，由此形成了空间横截面。研究空间数据首先要考虑的问题就是样本数据在区位上的量化。其中最常见的做法就是考虑空间距离，为了度量区域之间的空间距离，空间计量模型中引入空间权重矩阵。除了空间距离外，区位信息也可以反映相邻关系，对相邻关系的测量是基于观测值在地图上的大小和形状构造的，通常相邻的区域相对于距离较远的区域会表现出更强的空间依赖性。

空间权重矩阵可以被看作空间计量经济学的核心。通常来讲，空间相关性可以是多维度的和难以测量的，现有一般性空间计量模型通过空间权重矩阵定义了空间单元的交互关系的结构和强度。也就是说，空间计量模型通过空间权重矩阵对空间单元之间的空间依赖性进行了一定程度的假设，从而使空间单元之间的空间关联可以被简单地模型化，并且现有文献中大多假定空间权重矩阵是外生的。在实际应用中，为了解释的方便，空间权重矩阵 W_n 通常被进行行标准化的处理。值得注意的是，行标准化之后的空间权重矩阵不在具有对称性，而且任意空间单元受到邻居影响的总和为 1，这样的假设有点过于强烈，在现实中不一定能够完全满足。

在空间计量模型中，空间权重矩阵的设定是至关重要的，不同权重矩阵的选择会影响空间计量模型的估计和检验。一般来讲，空间权重矩阵 W 是一个 $n \times n$ 阶非负矩阵，用来衡量"邻居间的关系"。W 中的每一个元素 w_{ij} 表示第 i 行和第 j 列所代表的邻居间的关系，其中主对角线元素 $w_{ii} = 0$。常见的空间权重矩阵包括0—1权重矩阵、地理距离权重矩阵、经济距离权重矩阵、基于贸易的权重矩阵、基于投入产出表的权重矩阵、权重矩阵的混合使用及其他。

（1）0—1权重矩阵。0—1（相邻）权重矩阵是根据个体的空间分布来设定的权重矩阵。一般来讲，相邻个体之间取值为1，不相邻个体之间取值为0。

（2）地理距离权重矩阵。基于地理距离的权重矩阵不仅能衡量相邻个体的相关关系，还能衡量与非相邻个体随距离变化的关系。距离越近，相关程度越高，因此，可以用距离的倒数 $w_{ij} = 1/d_{ij}$、距离平方的倒数 $w_{ij} = 1/d_{ij}^2$，或者距离 n 次方的倒数 $w_{ij} = 1/d_{ij}^n$ 来构造权重矩阵。

（3）经济距离权重矩阵。经济距离权重矩阵可以用两个地区人均 GDP 或者收入之差的绝对值的倒数来衡量。两个地区经济发展水平越相似，权重就越大；如果两个地区发展水平差距大，其权重就较小。即当 $i \neq j$ 时，$w_{ij} = 1/|\bar{Y}_i - \bar{Y}_j|$。此权重矩阵的缺陷为 $w_{ij} = w_{ji}$，经济发展较好地区对经济发展较差地区的影响，一般会大于经济发展较差地区对经济发展较好地区的影响，但这种差异在权重矩阵中并没有反映出来。

（4）基于贸易的权重矩阵。基于贸易的权重矩阵能够用来衡量各国间经济联系情况，体现国际外溢性，它可以用两个国家（地区）间的贸易额来衡量。一般来讲，两个国家（地区）间的贸易越频繁，权重就越大；反之则越小。即当 $i \neq j$ 时，$w_{ij} = trade_{ij}$。

（5）基于投入产出表的权重矩阵。该权重矩阵可以用来表示产业间的相互联系，对一个产业的冲击通过各产业间的投入产出关系对其他产业产生影响，这也是产业的外溢性。与其他权重矩阵不同的是，没有经过行标准化的投入产出权重矩阵不再是对称矩阵，其主对角线上的元素也不再是 0。

（6）权重矩阵的混合使用及其他。研究者根据研究的需要，可以对以上权重矩阵进行混合使用。例如，可以将距离权重矩阵和经济距离权重矩阵结合起来构造一个混合权重矩阵。新的权重矩阵可以克服一般经济距离权重矩阵的缺陷，使经济发达地区对经济不发达地区的影响大于经济不发达地区对经济发达地区的影响。值得注意的是，上述权重矩阵都假定是外生的，但是在实证分析中，很多权重矩阵，如经济权重矩阵很可能是内生的。克勒健和皮拉斯（Kelejian and Piras，2014）提出了包含内生权重矩阵的空间模型的估计。瞿和李（Qu and Lee，2015）使用内生空间权重矩阵来设定和估计空间自回归模型，并提出了三种估计方法：二阶段工具变量法、拟极大似然估计法和广义矩估计法。这些估计量具有一致性和渐近正态性，并且蒙特卡洛模拟结果显示这些估计量也具有较好的有限样本性质。

2.1.2 空间横截面数据模型

1. 空间自回归模型

由克利夫和奥德（Cliff and Ord，1973）提出的空间自回归模型（spa-tial auto-regression model，SAR）是空间计量经济学最常见的模型。空间自回归模型可以用来解释现代经济模型中代理人的策略行为。一般而言，代理人的行为选择往往具有较强的相互依赖性，如厂商在商品定价时会考虑到其他厂商的策略行为。因此，从微观博弈机制的角度来看，若某个微观个体观测值是其他微观个体观测值的反应变量或者反应函数时，空间相关性就必然存在。空间自回归模型正是基本反映了这种微观个体的相关性特征从而得到了发展。空间自回归模型一般表示为：

$$Y_n = \lambda W_n Y_n + u_n, \quad u_n \sim (0, \sigma^2 I_n)$$

其中，n 为空间单元的总数；λ 为反映空间样本数据内在的空间相关性的待估参数，称为"空间自回归系数"，反映空间滞后项 $W_n Y_n$ 对 Y_n 的影响。此模型也被称为"空间滞后模型"（spatial lag model）。此模型也可以看作一般均衡模型的结果，如相邻地区的被解释变量（如犯罪率）可能相互依赖，并最终形成一个均衡的结果。又如，假设以地区税收为被解释变量，则不同地区的政府出于相互竞争或博弈的考虑（如竞相吸引 FDI），在制定本地区税收时会考虑周边地区的税收水平。

上述模型由于不包含其他的外生解释变量，所以也被称为纯 SAR 模型。当模型中包含外生解释变量时，即：

$$Y_n = \lambda W_n Y_n + X_n \beta + u_n, \quad u_n \sim (0, \sigma^2 I_n)$$

模型被称为混合回归—空间自回归模型（mixed regressive spatial autoregressive model，MRSAR），有时也被简单称为 SAR 模型。其中，X_n 是 $n \times k$ 维的非随机外生变量；β 为反映解释变量对被解释变量影响的待估参数；其余变量和参数与纯 SAR 模型的设定一致，空间溢出效应的程度依赖于空间权重矩阵的设定。定义 $S_n(\lambda) = I_n - \lambda W_n$，通常假定 $S_n(\lambda)$ 是非奇异的，即

$|\lambda| < 1$，则 $(I_n - \lambda W_n)^{-1} = I_n + \lambda W_n + \lambda W_n^2 + \lambda W_n^3 + \cdots$，此项空间乘子的扩展可以理解为不仅仅是一阶邻居，二阶（邻居的邻居）、三阶以及更高阶的邻居都会存在空间溢出效应。另外，由于存在多方面的外生因素，MR-SAR 模型的解释相较于纯 SAR 模型更为复杂。

在 SAR 模型中，包含被解释变量的空间滞后项 $W_n Y_n$ 作为解释变量，由于与随机扰动项相关，OLS 估计量是有偏非一致的。通常可以使用极大似然估计、工具变量估计法或广义矩估计等方法对空间自回归模型进行估计。安赛林（Anselin，1998）使用极大似然法对 SAR 模型进行估计，具体步骤为：

第一步，用 OLS 估计 $Y_n = X_n \beta_0 + u_n$。

第二步，用 OLS 估计 $W_n Y_n = X_n \beta_L + u_n$；然后，计算残差 $e_{n,0} = Y_n - X_n \hat{\beta}_0$ 和 $e_{n,L} = W_n Y_n - X_n \hat{\beta}_L$。

第三步，给定 $e_{n,0}$ 和 $e_{n,L}$，找到使下面中心似然函数取值最大的 λ：

$$L = -\frac{n}{2}\ln(2\pi) - \frac{n}{2}\ln\left[\frac{1}{n}(e_{n,0} - \lambda e_{n,L})'(e_{n,0} - \lambda e_{n,L})\right] + \ln|I_n - \lambda W_n|$$

第四步，给定 $\hat{\lambda}$，计算 $\hat{\beta} = (\hat{\beta}_0 - \lambda \hat{\beta}_L)$ 和 $\hat{\sigma} = \frac{1}{n}(e_{n,0} - \lambda e_{n,L})'(e_{n,0} - \lambda e_{n,L})$。

2. 空间误差模型

空间误差模型（spatial error model，SEM）主要用来刻画被解释变量之间的空间依赖性，然而，空间依赖性不仅可以通过因变量和外生解释变量来反映，也可以通过随机扰动项来体现，即扰动项之间也可能存在空间相关性。空间误差模型的主要目的就是刻画随机扰动项之间的空间依赖性，并且可以解决可能存在的遗漏变量所带来的偏误。空间误差模型一般表示为：

$$Y_n = X_n \beta + u_n, \quad u_n = \rho W_n u_n + \varepsilon_n$$

其中，ε_n 通常假设为服从均值为零且同方差的正态分布，值得注意的是，此时 u_n 不再具有独立同分布的正态特征。如果 $\rho = 0$，则误差项之间不存在空间相关性，此时模型退化为不存在空间效应的经典的横截面线性回归模型。空间误差模型提出的另一个动机也是考虑空间异质性的存在，将不可观测的异质性放置于随机扰动项来反映空间相关性。

在估计空间误差模型之前，可以使用莫兰指数（Moran's I）检验对 OLS 估计的残差进行空间自相关检验，如果莫兰指数检验拒绝不存在空间自相关的原假设，则可以用以下方法对空间误差模型进行估计。

首先，用 OLS 估计模型 $Y_n = X_n\beta + u_n$，得到 β 的估计值和残差。

其次，在用 OLS 估计出 β 的情况下，找到使下面中心似然函数取值最大的 ρ：

$$L = -\frac{n}{2}\ln(2\pi) - \frac{n}{2}\ln\sigma^2$$

$$-\frac{1}{2\sigma^2}\left[(Y_n - X_n\beta)'(I_n - \rho W_n)'(I_n - \rho W_n)(Y_n - X_n\beta)\right] + \ln|I_n - \rho W_n|$$

再其次，根据得到的 ρ 的估计值，更新 β 的估计值已经残差。

最后，重复以上步骤，直到残差收敛。

3. 空间杜宾模型

空间杜宾模型（spatial Durbin model，SDM）类似于时间序列模型中解释变量通常存在时间滞后形式，在空间上，解释变量也可以以滞后形式体现。也就是说，空间单元不仅受到自身相关解释变量的影响，也受到邻居相关解释变量的影响，即空间依赖性也可以体现在解释变量上。例如，某个地区的犯罪率不仅依赖于本地区的警力 X_n，还可能依赖于相邻地区的警力，主要是通过周边相邻地区警力的平均值 $W_n X_n$ 来实现。空间杜宾模型一般表示为：

$$Y_n = X_n\beta + W_n X_n\gamma + u_n$$

除了出现多重共线性的可能，模型几乎没有其他会造成重大偏误的缺陷，并且可以消除遗漏变量所带来的误差。另外，由于模型中不存在内生性，所以模型可以由 OLS 直接进行估计。值得注意的是，如果将 SDM 模型和 SAR 模型结合，则可得到 SDM 模型的扩展形式：

$$Y_n = \lambda W_n Y_n + X_n\beta + W_n X_n\gamma + u_n$$

由于扩展的模型中存在空间滞后项 $W_n Y_n$，OLS 不再能得到无偏估计。

4. 一般的空间计量模型

将 MRSAR 模型和 SEM 模型结合，则可以得到带有 SAR 空间扰动项的 SAR 模型，即 SAC 模型：

$$Y_n = \lambda W_n Y_n + X_n\beta + u_n,\ u_n = \rho M_n u_n + \epsilon_n,\quad \epsilon_n \sim \left(0, \sigma^2 I_n\right)$$

其中，W_n 和 M_n 既可为相同，也可为不同的空间权重矩阵。类似于时间序列模型，误差项的空间相关性也可以有两种类型：空间自相关和空间平均移动相关。安赛林（2003）提出了空间 MA（1）模型和空间 ARMA（1，1）模型。因此，除了 SAC 模型形式设定外，带有空间平均移动误差的模型也可以设定为：

$$Y_n = \lambda W_n Y_n + X_n\beta + u_n,\ u_n = \rho M_n \epsilon_n + \epsilon_n,\quad \epsilon_n \sim \left(0, \sigma^2 I_n\right)$$

此种设定形式被称为 SARMA 模型。这类模型的产生是由于针对估计出的 SAR 模型的残差进行空间自相关的检验，如果拒绝没有空间自相关的原假设，则表明模型不仅在被解释变量并且在残差项中也包含了空间效应。因此，此类模型不仅可以刻画空间依赖性，也可以在残差项对空间异质性进行刻画。

针对上述的空间计量模型，安赛林（1986，1988）提出了空间计量模型的极大似然法估计。除此之外，克勒健和普鲁查（Kelejian and Prucha，1999，2002，2004）将雨宫（Amemiya，1974）讨论的非线性两阶段最小二乘法（2SLS）应用到空间模型中，提出了空间计量经济学模型的广义空间两阶段最小二乘法（GS2SLS）估计量，并证明了它是渐近正态一致估计量。相较于极大似然法估计，GS2SLS 估计量的最大优势是其性质不受样本数量和误差分布假设的限制。另外，李（Lee，2007a，2007b）和刘（Liu，2010）扩展了 MOM 估计量，提出了针对一般空间计量模型的 GMM 估计量以及最优 GMM 估计量，最优 GMM 估计量是一个渐近正态估计量，且有着与极大似然法估计量相同的极限分布。

克勒健和普鲁查提出的 GS2SLS 所使用的工具变量为 $\{X, WX, \cdots, W^q X,$ $MX, MWX, \cdots, MW^q X\}$ 中线性独立的列向量，记此工具变量矩阵为 H。蒙特卡洛模拟显示，在很多情况下取 $q=2$ 即可。由于 X 与被解释变量相关，

而且 X 为外生变量，所以以上 X 的线性函数为有效的工具变量。GS2SLS 法的步骤是：

第一步，使用工具变量矩阵 H 进行 2SLS 估计。所得估计量（$\tilde{\lambda}$，$\tilde{\beta}$）虽然一致，但并非最有效率，因为没有考虑扰动项 u 存在空间自回归。记所得残差为 $\tilde{u}$。

第二步，将第一步的 2SLS 残差 $\tilde{u}$ 作为扰动项 u 的估计量代入方程，然后进行 GMM 估计，得到估计量 $\tilde{\rho}$。

第三步，使用 $\tilde{\rho}$ 对方程进行"空间 Cochrane-Orcutt 变换"（spatial Co-charane-Orcutt transformation），以去掉扰动项的空间自相关。即：

$$(I_n - \rho M_n) Y_n = \lambda (I_n - \rho M_n) W_n Y_n + (I_n - \rho M_n) X_n \beta + (I_n - \rho M_n) u_n$$

新扰动项 $(I_n - \rho M_n) u_n$ 不再存在空间自相关。将第二步估计量 $\tilde{\rho}$ 代入此方程，再次使用工具变量 H 对变换后的方程进行 2SLS 估计，记所得估计量为（$\hat{\lambda}$，$\hat{\beta}$），其相应残差为 $\hat{u}$。

第四步，将第三步的 GS2SLS 残差 $\hat{u}$ 作为扰动项 u 的估计量代入方程，然后进行 GMM 估计，得到估计量 $\hat{\lambda}$。

由于此估计量将 2SLS 用于空间数据，且使用了广义最小二乘法（即 Cochrane-Orcutt 变换是 GLS 的特例），故称为"广义空间二阶段最小二乘法"。

2.1.3 空间面板数据模型

现阶段空间计量经济学对于数据的研究不再局限于传统的横截面数据和时序数据，面板数据也有了很大的发展空间和研究价值，使相关研究在数据方面有了更多的自由性，在模型设定方面相比传统的截面数据更加丰富和灵活。从经济政策的惯性机制来看，面板数据还可以比横截面数据更好地研究经济个体行为的动态调整，从而对研究经济状态的持续性具有更大的优势，更好地识别和测量各种经济效应，以及构造更加复杂的行为模型。

空间面板数据模型相较于传统面板数据模型最大的特征是考虑了空间交互效应。空间面板数据模型一般可以分为静态面板数据模型和动态面板数据模型。一般的静态面板数据模型可分为混合模型、变截距模型和变系数模型。空间静态面板数据模型是在静态面板数据模型的基础上加入了空间滞后项，因而静态面板数据模型的估计方法也应得到相应的扩展。空间静态面板数据模型包括面板数据空间滞后自回归模型（变截距或变系数、固定效应或随机效应）、面板数据空间误差模型（变截距或变系数、固定效应或随机效应），以及它们的各种组合形式。在这些模型中，通常空间权重矩阵假定是外生给定的且不随时间的变化而变化；数据是平衡面板数据；被解释变量是连续的，模型是线性的；等等。

面板数据的空间滞后自回归模型是在静态面板数据模型的基础上加入了空间滞后项 $\sum_{j=1}^{n} w_{ij}y_{ji}$；面板数据空间误差模型是在静态面板数据模型的随机误差项中加入了空间滞后项 $\sum_{j=1}^{n} w_{ij}u_{ji}$。面板数据的空间滞后模型可以表示为：

$$y_{it} = \lambda \sum_{j=1}^{n} w_{ij}y_{ji} + x_{it}\beta + \alpha_i + u_{it}$$

其中，$i(=1,\cdots,n)$ 表示个体；$t(=1,\cdots,T)$ 表示时间；y_{it} 为被解释变量；x_{it} 是外生解释变量矩阵；w_{ij} 是空间权重矩阵的第 i 行第 j 列的元素；$\sum_{j=1}^{n} w_{ij}y_{ji}$ 为空间滞后项；α_i 表示个体效应；u_{it} 是随机扰动项，服从均值为 0、方差为 σ^2 的独立同分布。

根据安赛林等（2008）和埃洛斯特（Elhorst，2014）的研究，可以用极大似然法估计面板数据空间滞后模型。当个体效应 α_i 为固定效应时，面板数据空间自回归模型的对数似然函数为：

$$\ln L = -\frac{nT}{2}\ln(2\pi\sigma^2) + T\ln|I_n - \lambda W|$$
$$-\frac{1}{2\sigma^2}\sum_{i=1}^{n}\sum_{t=1}^{T}\left(y_{it} - \lambda\sum_{j=1}^{n}w_{ij}y_{ji} - x_{it}\beta - \alpha_i\right)^2 \quad (2.1)$$

将式（2.1）对 α_i 求一阶偏导，并令其等于 0，可得：

$$\alpha_i = \frac{1}{T} \sum_{t=1}^{T} \left(y_{it} - \lambda \sum_{j=1}^{n} w_{ij} y_{ji} - x_{it} \beta \right) \tag{2.2}$$

再将式（2.2）代回式（2.1）中，可得集中对数似然函数（the concentrated log-likelihood function）：

$$\ln L = -\frac{nT}{2} \ln(2\pi\sigma^2) + T \ln |I_n - \lambda W|$$

$$- \frac{1}{2\sigma^2} \sum_{i=1}^{n} \sum_{t=1}^{T} \left(y_{it}^* - \lambda \sum_{j=1}^{n} w_{ij} y_{ji}^* - x_{it}^* \beta - \alpha_i \right)^2$$

$$\tag{2.3}$$

其中，x_{it}^* 和 y_{it}^* 分别表示对 x_{it} 和 y_{it} 分别进行组内去均值。通过极大似然法估计，将式（2.3）分别对 β、λ 和 σ^2 求导，最终可以得到 β、λ 和 σ^2 的估计值。

如果个体效应是随机效应，则随机效应面板数据空间滞后模型的对数似然函数为：

$$\ln L = -\frac{nT}{2} \ln(2\pi\sigma^2) + T \ln |I_n - \lambda W|$$

$$- \frac{1}{2\sigma^2} \sum_{i=1}^{n} \sum_{t=1}^{T} \left(\tilde{y}_{it} - \lambda \sum_{j=1}^{n} w_{ij} \tilde{y}_{ji} - \tilde{x}_{it} \beta \right)^2 \tag{2.4}$$

其中，$\tilde{y}_{it} = y_{it} - (1-\theta) \frac{1}{T} \sum_{t=1}^{T} y_{it}$，$\tilde{x}_{it} = x_{it} - (1-\theta) \frac{1}{T} \sum_{t=1}^{T} x_{it}$。在给定 β、λ 和 σ^2 时，最大化式（2.4），可以求出 θ。

$$\ln L = -\frac{nT}{2} \ln(e(\theta)'e(\theta)) + \frac{n}{2} \ln\theta^2$$

$$e(\theta)_{it} = y_{it} - (1-\theta) \frac{1}{T} \sum_{t=1}^{T} y_{it} - \lambda \left[\sum_{j=1}^{n} w_{ij} y_{ji} - (1-\theta) \frac{1}{T} \sum_{t=1}^{T} w_{it} y_{it} \right]$$

$$- \left[x_{it} - (1-\theta) \frac{1}{T} \sum_{t=1}^{T} x_{it} \right] \beta$$

通过迭代程序，β、λ、σ^2 和 θ 都能被求出，直到收敛。

面板数据空间误差模型可以表示为：

$$y_{it} = x_{it}\beta + \alpha_i + u_{it}, u_{it} = \rho \sum_{j=1}^{n} w_{ij} u_{ji} + \epsilon_{it}$$

其中，ε_{it} 是均值为 0、方差为 σ^2 的独立同分布。当个体效应 α_i 为固定效应时，面板数据空间误差模型的对数似然函数为：

$$\ln L = -\frac{nT}{2}\ln(2\pi\sigma^2) + T\ln|I_n - \rho W|$$

$$-\frac{1}{2\sigma^2}\sum_{i=1}^{n}\sum_{t=1}^{T}\left(y_{it}^* - \rho\sum_{j=1}^{n}w_{ij}y_{ji}^* - (x_{it}^* - \rho\sum_{j=1}^{n}w_{ij}x_{ji}^*)\beta\right)^2$$

给定 ρ 的值，通过极大似然法估计，可求出 β 和 σ^2。集中对数似然函数为：

$$\ln L = -\frac{nT}{2}\ln(e(\rho)'e(\rho)) + T\ln|I_n - \rho W| \qquad (2.5)$$

在 β 和 σ^2 给定的情况下，最大化式（2.5），可以得到 ρ 的极大似然法估计量。不断给出 β 和 σ^2 的值，并进行迭代，直到 ρ 收敛。

如果个体效应是随机效应，则随机效应面板数据空间误差模型的对数似然函数为：

$$\ln L = -\frac{nT}{2}\ln(2\pi\sigma^2) - \frac{1}{2}\sum_{i=1}^{n}\ln(1 + T\varphi(1 - \rho\omega_i)^2)$$

$$+ T\sum_{i=1}^{n}\ln(1 - \rho\omega_i) - \frac{1}{2\sigma^2}e^{*'}e^* \qquad (2.6)$$

其中，$e^* = Y^* - X^*\beta$。β 和 σ^2 可以通过最大化式（2.6）得到，ρ 和 φ 通过最大化式（2.5）得到。最后，β 和 σ^2，以及 ρ 和 φ 可以迭代直到收敛。

相较于静态面板数据空间模型，空间面板数据模型还可以进一步包含空间动态效应来描述序列相关性和空间依赖性。对于一般的动态面板数据模型，动态效应是指个体的时间滞后，而空间面板数据模型由于包含了空间相关，其动态效应并不仅仅指个体的时间滞后，还可以包括空间滞后的概念。安赛林等（2008）将动态空间面板数据模型划分为四类：纯粹的空间递归效应（只包含了空间的滞后项）、时间—空间递归效应（包含了个体和空间的滞后项）、时间—空间同时效应（被指定的个体滞后项和周期的空间项），以及时间—空间动态效应（所有形式的滞后项都存在）。

从现有文献来看，一般性的动态空间面板数据模型设定为：

$$y_{it} = \lambda\sum_{j=1}^{n}w_{ij}y_{ji} + \gamma y_{i,t-1} + \eta\sum_{j=1}^{n}w_{ij}y_{j,i-1} + x_{it}\beta + \alpha_i + u_{it} \qquad (2.7)$$

其中，λ 表示空间自回归效应；γ 描述纯动态效应；η 表示空间—时间效应。在此模型基础上还可以进一步考虑带有 SAR 扰动项、单位根面板模型（Yu and Lee，2010a）、时间 t 固定时的固定效应以及随机个体效应的形式。埃洛斯特（2012）还考虑了式（2.7）的空间杜宾特征，得到更加广义的形式。库斯坦纳和普鲁查（2015）在广义形式的基础上，引入由于空间滞后或者未知冲击而产生的横截面依赖，同时允许空间权重矩阵具有内生性、随时间变化的交互效应以及弱外生变量。另外，值得注意的是，该模型在社交网络领域有突出贡献，对于模型中的参数可用线性矩和二次矩条件进行 GMM 估计。

根据不同的效应特征，还可以将空间面板数据模型划分为固定效应模型、随机效应模型。在固定效应模型和随机效应模型中，可用允许截距项随空间单元的变动而变动。此外，根据参数的性质，还可以将模型划分为固定参数模型和随机参数模型，并且允许截距和斜率系数都是可变的。当然，在一般的动态面板数据模型中也可以有这些分类，而空间模型可以进一步考虑空间滞后因变量和空间误差自回归，从而将传统的空间计量基本模型扩展为多种形式。更进一步地，李和虞（Lee and Yu，2012）还考虑了允许空间权重矩阵随时间变化的情况，并给出了拟最大似然估计。

面板数据空间计量模型也存在许多不足之处。一方面，对于某些现实计量经济学的微观面板数据收集比较困难，虽然有理论上的优势，但是现实中有时却无法实行。尤其是现在的空间计量模型对数据的完整性要求较大，对于数据缺失问题非平衡面板尚且没有较好的处理方法；另一方面，面板数据可能存在测量误差及选择性问题，这就会引入其他偏差或者内生性问题。在样本数据的扩展过程中，区位以及距离的影响可能在很大程度上造成数据和特定的地理位置有关联性和依赖性，从而使模型设定更加复杂；另外，由于地理空间的差异，模型中的参数可能也会随之发生改变，从而需要系统性的检验。虽然在不存在空间效应时，可以通过随机变系数来研究处理类似的面板数据问题，但是对于面板数据空间计量模型，由于涉及空间权重矩阵等相关变量，如何更加有效地考虑这些问题，目前尚且没有权威性的系统研究成果。因此，面板数据空间计量模型的理论和应用研究也因这些问题的存在而具有很多障碍。

2.1.4　非线性空间计量模型

前述的所有模型中因变量通常都是连续型变量，如果被解释变量是离散的，则可发展为离散选择模型。也就是说，经典的受限被解释变量的模型都可以拓展到空间计量经济学模型，允许模型中的受限被解释变量或者误差项具有空间效应。在空间离散模型的发展过程中，由于在考虑因变量存在空间效应时常常伴随着异方差、内生性等问题，这些问题对于参数的估计和检验都会产生重要的影响，甚至可能催生完全不一样的估计方法。

非线性模型种类很多，取决于模型的非线性设定形式。我们主要讨论以下三种常用的非线性模型。

第一种是二元选择面板数据模型，$Y_{it} = 1\{Y_{it}^* > 0\}$，$Y_{it}^* = X_{it}'\beta + \alpha_i + \varepsilon_{it}$。其中，$Y_{it}$ 是因变量；Y_{it}^* 是潜在因变量；X_{it} 是自变量；α_i 是个体效应；ε_{it} 是随机误差项；β 为模型要估计的参数。上述二元选择面板模型的估计方法有很多，然而，当 α_i 为固定效应时，为了避免把固定效应当作参数来估计而引发附带的参数问题，能够消除固定效应的估计方法只有两种。一种是曼斯基（Manski，1987）以及沙利耶等（Charlier et al.，1995）提出的最大得分（maximum score）的估计方法；另一种是张伯伦（Chamberlain，1984）提出的条件 Logit 估计方法。目前关于空间二元选择模型估计的研究主要集中在横截面数据模型上。其中，关于空间相关性的设定主要包含以下三个：一是假定潜在因变量之间具有空间相关性（McMillen，1992；LeSage，2000；Pace and LeSage，2011；Klier and McMillen，2008；Lei，2014）；二是假定潜在因变量与因变量之间具有空间相关性（Qu and Lee，2012；Jacobs et al.，2013）；三是假定误差项之间具有空间相关性（Beron and Vijverberg，2004；Fleming，2004；Wang et al.，2013）。关于上述三类模型的主要估计方法是极大似然估计法或者基于极大似然估计法的贝叶斯估计方法。这些估计方法首先是建立在比较强的假设的基础之上，假定误差项服从随机正态分布或者 Logistic 分布；其次，如果将横截面模型扩展到面板数据固定效应模型，这些估计方法不能消除固定效应的影响从而可能存在附带的参数问题；最后，这些估计方法也存在由于空间相关性而带来的高维度积分问题（multidimensional integration problem）。因此，为了无偏和一致地估计空间二元面板数据模型，必须探索新的估计方法。雷（Lei，2014）将曼斯基（1987）以及沙利耶等（1995）提出的最大得分估计法进行修改，使其能无偏和一致地估计第一类空间二元选择面板模型。但是，最大得分法的应用有较大的局限性，如目前比较常用的计量软件 STATA 之类都没有相关估计方法的包裹。

第二种是删节（censored）或者 Tobit 面板数据模型，$Y_{it} = \max\{X'_{it}\beta + \alpha_i + \varepsilon_{it}, 0\}$。目前关于空间 Tobit 模型的研究还停留在横截面数据模型上，勒萨热（LeSage，2000）以及勒萨热和佩斯（LeSage and Pace，2009）研究了横截面空间 Tobit 模型的贝叶斯估计法；马什和米塔尔哈默（Marsh and Mittelhammer，2004）用蒙特卡洛法研究了广义最大熵估计法来估计横截面空间 Tobit 模型的效果；许和李（Xu and Lee，2015）研究了空间 Tobit 模型的极大似然法估计；还有一些研究检验了空间相关性在 Tobit 模型中的存在性（Amaral and Anselin，2013；Qu and Lee，2012，2013）；最后，弗洛雷斯 – 拉古内斯和施尼尔（Flores-Lagunes and Schnier，2012）研究了误差空间自相关的样本选择模型（type Ⅱ Tobit）的广义矩估计法。然而，一旦模型扩展到固定效应面板数据模型，上述方法因为无法消除固定效应的影响而变得不再具有适用性，因此必须探索新的估计方法。对于没有空间相关性的 Tobit 面板数据固定效应模型，目前只有一种方法能够通过人为的删节因变量而达到消除固定效应的目的，那就是霍诺尔（Honore，1992）提出的删节的最小绝对偏差法和最小二乘法。而对于样本选择面板数据模型，基里亚齐杜（Kyriazidou，1997）提出的半参数估计法也可以消除固定效应从而无偏和一致地估计模型参数。当模型存在空间相关性时，这两种方法还能否直接用来估计模型参数，依然是非常值得研究的问题。

第三种是单调变换面板数据模型，$Y_{it} = g(X'_{it}\beta + \alpha_i + \varepsilon_{it})$，其中 $g(.)$ 是一个不可知的单调方程。目前关于横截面数据单调变换空间模型的研究只有一篇文章（Xu and Lee，2015），提出了极大似然法（maximum likelihood）和工具变量法（instrumental variable）来无偏和一致地估计单调变换空间模型。首先，许和李（2015）的估计方法具有较强的假设，需要假定误差的分布；其次，一旦模型扩展到固定效应面板数据模型，上述方法因为无法消除固定效应的影响而变得不再具有适用性。对于没有空间相关性的单调变换面板数据固定效应模型，目前只有一种方法能够通过人为的删节因变量而达到消除固定效应的目的，那就是阿布雷亚（Abrevaya，1999）提出的基于排序（rank-based）的估计方法。而当模型存在空间相关性时，这种基于排序的估计方法还能否直接用来估计模型参数，也是一个非常值得研究的问题。

当不可知方程 $g(.)$ 不具备单调变化性质的时候，甚至当自变量、个体效应以及误差项不具备可加性的时候，也就是说模型的假设进一步放松，模型变得更加灵活的时候，上述讨论的所有方法显然不再适用。我们应该如何估计这种更加一般性的非线性空间面板数据模型？回顾前面的分析我们不难发现，对于某种特定的非线性面板固定效应模型，我们总能找到一种或两种方法来巧妙地消除掉固定效应，从而无偏和一致地估计模型的参数。例如，对于二元选择模型可以用最大得分估计法和条件极大似然估计法；对于 Tobit 模型可以用最小绝对偏差法和最小二乘法；对于单调变换模型可以用基于排序（rank-based）的估计方法。换句话说，上述所有的估计方法都是建立在模型设定是正确的假设的基础之上的，一旦模型的设定是有偏差的或是错误的，则上述估计方法也会是有偏差的，从而得到有偏的或者错误的推断。现在的问题是，能否找到一种一般估计方法可以用来估计上述所有的非线性空间面板模型？在没有空间相关性时，对于横截面数据模型，一般可以采用平均导数估计法（average derivative estimation），如基于纳达拉雅沃森（Nadaraya-Watson）核回归的平均导数估计法（Hardle and stoker, 1989；Newey and Stoker, 1993）；基于局部线性回归（local linear regression）的平均导数估计法（Gijbels, 1992）；基于局部多项式回归（local polynominal regression）的平均导数估计法（Hristache et al., 2001；Li et al., 2003）。而对于包含个体效应的一般非线性面板数据模型，奇泽克和雷（Cizek and Lei, 2018）基于局部多项式回归的平均导数估计方法，提出了一个新的半参数估计法来估计模型参数；贝斯特和汉森（Bester and Hansen, 2009）以及霍德林和怀特（Hoderlein and White, 2012）也提出了两种不同的非参数及半参数估计法。因而，当一般的非线性面板模型存在空间相关性时，如何构建合理的非参数或者半参数估计法，以及新构建的估计方法具有怎样的理论性质，也可能是未来研究的一个重点方向。

2.2 空间计量实证研究综述

随着经济的全球化，各国经济通过国际贸易、金融和投资的相互融合在空间维度和产业维度紧密联系起来。在一国经济中，区域经济发展不平衡、产业集聚现象的出现都与空间位置和空间溢出紧密相关。无论是国际经济，还是区域经济、产业经济，空间计量经济学都可以通过空间权重矩阵将地理等因素纳入模型中。

随着近40年来的发展，空间计量经济学被广泛应用于社会科学的各个方面，包括政治学、经济学、金融学、犯罪学、社会学等。最近的研究尤其关注经济学领域，涉及的内容包括政府竞争、空间溢出、城市发展和组群经济、贸易和经济增长、创新等。

在政治学方面，空间计量模型被用于研究美国的政治选举，如金佩尔（Gimpel，1999）、金佩尔和舒克内希特（Gimpel and Schuknecht，2003）、雷韦利（2002）、赵（Cho，2003）的研究。此外，有些学者将空间溢出和蔓延纳入国际关系和冲突的研究中，如格莱迪奇和沃尔德（Gleditsch and Wald，2000）、斯塔尔（Starr，2001）。

在研究空间溢出方面，贝龙等（Beron et al.，2004）运用空间计量经济学的方法，探讨一种测度人们对空气质量需求的间接方法。巴尔塔吉和李（Baltagi and Li，1999）研究了美国46个州在1963～1992年的卷烟需求问题，通过不同的模型设定来说明跨州的空间溢出和空间异质性问题。莫雷诺等（Moreno et al.，2000）提出了一种全新的空间计量经济学方法来研究地区和产业外部性问题。

在城市发展和组群经济方面，包（Bao，2000）研究了乡村发展过程中的空间互动问题，通过建立两个模拟方程来分析人口和就业的变化。伊安尼德斯（Ioannides，2001）建立了一个基于新经济地理学的理论模型来模型化城市的增长过程，模型中包含了城市特有的人力资本、罗默型的金钱外部性。

在贸易和经济增长方面，芬格尔顿（Fingleton，1998）重新审视了区域经济增长的问题，在模型设定方面充分考虑了规模报酬递增、技术的扩展和赶超，以及空间外部性。此外，芬格尔顿（1999）研究了在存在空间效应的情况下欧洲国家经济增长收敛性的问题。埃利斯特和弗雷德里克松（Eliste and Fredriksson，1999）使用农业贸易流和环境标准的数据，运用空间计量模型，研究了农业环境规则的空间模式。瓦亚（Vaya，2003）通过在增长模型中引入空间外部性，探讨了空间外部效应在生产要素积累过程中所扮演的角色。雷伊和蒙图里（Rey and Montouri，1999）应用空间计量经济学方法研究了美国 1929～1994 年各州收入的收敛性问题。莫西等（Mossi et al.，2003）探讨了巴西 1939～1998 年经济增长的空间结构等问题。吴玉鸣和李建霞（2006）利用空间距离为权重矩阵，测算了 2003 年中国省域工业全要素生产率。王立平等（2006）利用空间自回归和空间误差模型，研究了我国 FDI 省域空间相关性的问题。林光平等（2006）应用空间滞后、空间误差以及空间误差移动平均模型，分析了我国 1978～2002 年 28 个省域经济增长的 σ 收敛性。吴玉鸣（2006）应用空间误差模型，分析了我国 1978～2002 年经济增长的 β 收敛问题。李培（2007）运用一般的空间计量模型，分析了 1990～2004 年我国 216 个城市的经济增长问题。

在就业和劳动力报酬方面，莫尔霍（Molho，1995）利用空间横截面模型，研究发现英国的失业问题存在显著的空间相关效应。布特纳（Buettner，1999）利用德国 1987～1994 年 327 个区域的数据，分析了失业率、总工资水平以及空间相关性对于区域工资水平的影响。霍顿等（Haughton et al.，2003）研究了法国 1990～1991 年 Midi-Pyrenees 区域 174 个地区失业率的空间结构问题。戴平生和陈建宝（2007）利用各省财政农业人均支出、农村人均用电量为解释变量，建立了农民人均收入空间自关系模型。

在环境和农业方面，博克斯塔尔（Bockstael，1996）探讨了空间计量模型在生态经济分析中的应用。纳尔逊和赫勒斯坦（Nelson and Hellerstein，1997）运用空间计量模型研究了人类活动与森林砍伐、耕地面积等之间的关系。默多克等（Murdoch et al.，1997）运用空间自回归模型分析了欧洲 25 个国家硫和氮的氧化物减排需求的问题。安赛林（2001a）讨论了空间计量模型在环境和资源利用方面的应用问题。基姆等（Kim et al.，2003）通过在快乐价格函数中引入空间效应，研究了空气质量改善的收益。李刚（2007）应用空间误差模型，分析了我国环境库兹涅茨（Kuznuts）曲线的倒"U"型特征问题。

在创新方面，首先，知识外部影响空间有界性是新地理增长理论解释空间集聚过程与经济空间分布不均匀现象的核心思想。知识的溢出效应表明在区域层面处理创新问题时具有空间相关性；其次，创新活动的空间依赖性很容易形成经济活动的空间极化特征，从而导致创新活动具有很强的空间异质性。越来越多的学者将空间计量经济学应用于创新活动的实证分析。例如，安赛林等（1997）、马尔罗库等（Marrocu et al.，2013）研究了知识的空间溢出效应；李等（2010）等用空间计量工具解释知识的传播机制；奥唐－伯纳德（Autant-Bernard，2012）认为空间经济学分析方法能更好地量化知识经济，测量其空间分布，探索其潜在机制，尤其是在空间距离和社会距离直接的互动方面。

2.3　空间计量财政应用研究综述

空间计量经济学的方法也被大量的应用于财政问题的研究，学者们甚至提出了"空间财政"的概念。较早形成概念化表述的是雷韦利（Revelli，2005）和崔亚飞（2010），主要指的是将空间计量的方法应用于传统理论模型中，定量研究财政行为的空间效应或空间外部性，为政府间财政行为的策略互动提供经验性证据的实证研究。下面对这方面实证研究的主要文献做一个概述。

自 20 世纪 90 年代以来，空间计量经济学逐渐应用于公共财政领域的研究，主要集中于联邦制国家地方政府间具有策略互动性的财政竞争方面，也可以看作对"用脚投票"机制的存在性和经济后果进行的识别和检验，主要包括支出竞争、税收竞争和标尺竞争等。

在支出竞争方面，早期的研究主要是运用空间计量经济学模型来设定策略反应函数以识别财政支出的溢出效应或者"搭便车"效应，策略互动主要指政府间财政支出的互补或替代，表现为策略反应函数的系数为正或负，如凯斯等（Case et al.，1993）、克勒健和鲁滨逊（Kelejian and Robinson，1993）。后续的研究陆续关注了空间相关结构（如空间相邻关系的界定）等技术性问题，如雷韦利（2002，2003，2006）；分析多种空间效应的可能影响以及不同类型的财政支出如教育、环保、医疗等社会福利支出所产生的空间影响，如弗雷德里克松和米利米特（Fredriksson and Millimet，2002）、弗雷雷（Freret，2006）、雷多阿诺（Redoano，2007）。

在税收竞争方面，早期的研究主要基于美国的数据，研究具有空间邻接关系的地方政府之间的宏观税负政策，或者利用个别税种作为政策工具开展的税收模仿或竞争，如拉德（Ladd，1992）、凯斯等（1993）、贝斯利和凯斯（Besley and Case，1995）。后续的研究开始向其他欧美国家拓展，如英国、法国、德国、比利时、荷兰、瑞典、西班牙、意大利等，涌现了大量研究成果。

在标尺竞争方面，主要是运用空间计量模型，考虑民主制度、政党竞争和选择投票在财政竞争中的影响，检验混合的财政收支竞争等，如阿勒斯和埃洛斯特（Allers and Elhorst，2005）、埃洛斯特和弗雷雷（2009）。

在运用空间计量方法研究财政行为的空间效应方面，我国的实证研究晚于西方，近十多年才陆续出现。由于中国特色的政治经济体制显著区别于西方的联邦制国家，中国的财政分权、财税征管运行体制具有诸多方面的独特性，因此，在相关实证研究上，我国学者的研究视角与具体内容均与西方学者存在一定的差异，归纳起来大致可分为以下两类。

第一类是对财政收支的空间溢出、经济增长的空间效应进行的实证研究。骆永民（2008a，2008b）运用空间计量模型，研究了 1998 ~ 2005 年我国财政分权的空间溢出效应，发现财政分权对经济增长具有促进作用且空间溢出效应明显。相邻区域的政府效率具有较强的空间相关性，而忽略空间相关性会低估财政分权对政府效率的影响。靳春平（2007）研究发现不同区域间的财政政策具有空间差异性。邵军（2007）的研究发现地区间财政支出总规模具有正的空间外部性，分项支出间（如建设支出和教育支出）的空间外部性差异较大。类似的研究还有余可（2008）、冯等田和沈体雁（2009）等。另外，还有一些基于中国财政分权体制背景的研究，但研究对象更加具体。如张宇麟和柳锐（2008）研究了我国省级财政政策的收敛性，发现除了人均财政收入以外绝大部分政策变量都存在显著的空间相关性。刘小勇和丁焕峰（2011）发现区域公共卫生服务存在负的空间效应，表明政府间可能存在"逐低竞争"。邓慧慧（2013）研究了财政分权对公共服务、住宅价格的影响，发现分税制改革后的地方预算外收入软约束和地区公共服务水平的失衡与房价走高存在跨时空的引致关系。曾淑婉（2013）研究了财政支出对全要素生产率的空间溢出效应，发现财政支出对技术进步的空间溢出效应最大，而对技术效率的作用不显著。许海平和傅国华（2013）运用空间计量模型，探讨了我国财政收支分权的空间集聚及其对城乡收入差距的影响，发现当前中国财政分权有利于缩小城乡收入差距。

第二类是对政府间支出竞争、税收竞争等策略行为的实证研究，包括财政竞争的识别、标尺竞争、税收外部性，以及土地财政等。沈坤荣和付文林（2006）运用空间自回归模型分析了政府支出和税收竞争对区域经济增长的影响，发现经济发达地区更倾向于通过高税率、高公共支出手段来吸引经济资源，并且不同地区间的竞争策略明显不同。李永友和沈坤荣（2008）研究了辖区间财政的策略性竞争对外商直接投资增长绩效的影响，发现辖区间税收竞争存在明显的聚类特征。郭庆旺和贾俊雪（2009）运用空间计量模型，研究了1986～2006年我国省级财政总支出、各分类支出的策略互动行为及其影响机制。李涛和周业安（2009）则从人均的角度研究了财政支出总量和主要支出科目的策略性竞争问题。王守坤和任保平（2008）运用空间计量方法，研究了1978～2006年我国省际间争夺流动性税基的税收竞争和自上而下的标尺竞争。骆祖春等（2011）研究了我国土地财政上的标尺竞争，发现邻省土地财政收入增加会促进当地增加土地财政收入，且竞争程度高于有些发达国家的实证结果。汪冲（2011）通过对2003～2007年我国269个城市的面板数据进行的空间计量研究发现，我国不同层级政府间存在显著的纵向税收外部性，而地方政府间横向的税收竞争也在空间范围上表现出显著的非单调变化趋势。

总的来讲，由于空间计量经济学本身尚属方兴未艾的前沿学科，运用该方法对公共财政支出的空间影响进行的实证研究也必然存在许多不成熟之处。但是，随着空间计量经济学方法的引入，人们日益普遍地意识到财政行为可能产生的空间效应，这些现象不仅存在而且能够通过适当的理论方法加以观测和度量，这也许正是促进理论进步的重要基石。

第 3 章　中国地方政府公共
支出的互动

——基于联立方程网络模型的研究

3.1　地方政府支出互动的背景

政府间的财政竞争、财政模仿以及财政互动通常会以多种形式表现出来，如退税、增加提高生产力的公共基础设施投资，以及改善公共服务水平等，这些经常发生在不同的国家之间或者同一国家不同的地方政府之间。过去的几十年里，随着中国财政分权进程的不断推进，地方政府间的财政竞争和互动极大地促进了中国经济的飞速增长。中国地方政府的基本建设支出和当地的生产力水平都同经济增长呈正相关关系（Fan and Zhang，2004；Vijverberg et al.，2011；Bom and Ligthart，2014）。目前，大量的文献已经利用空间计量模型对我国地方政府在基本建设支出（公共基础设施投资）上的竞争进行了深入研究。

在我国，中央政府和地方政府之间存在着委托代理问题，并且地方政府有着多重目标（包括地方经济增长、当地居民的社会福利，以及地方政府官员的自身利益），所以，地方政府间的空间依赖和互动不仅存在于基本建设支出上，也存在于公共支出的其他项目上，如行政管理支出（隐藏着贪污腐败）和社会福利支出。除此之外，同一个城市内公共支出的不同组成部分之间也存在着内部竞争。当基本建设支出和行政管理支出比较大时，社会福利支出自然会减小。一般来说，在财政竞争和互动存在的情况下，地方政府需要将有限的资金在不同的支出上进行合理有效的分配（基本建设支出、行政管理支出、社会福利支出）来最大化多目标的效用函数。从这个意义上来说，各地方政府在公共支出间的互动就是一张复杂的网络，因此，我们构建了一个联立方程网络模型。这个模型不仅包括了各地方政府在公共支出不同组成部分上的空间相关性（spatial dependence），也考虑了同一城市内各组成部分之间的内部竞争，因此，这个框架可以更好地研究中国地方政府在公共支出上的互动。

本章采用了中国的县级财政数据进行研究，发现中国各地方政府在基本建设支出间的内生同伴效应为正；基本建设支出和行政管理支出之间是互补关系；在社会福利支出上各政府之间不存在财政模仿；行政管理支出对社会福利支出有着较强的挤出效应。以上结果是由中国特色的官员考核体系（以 GDP 为导向）、有限的公众监督，以及地方政府官员权责不对称等原因导致的。

中国政府目前正在向"服务型政府"转变，本章的实证结果将对这方面作出说明。我们的发现也将与中国现阶段面临的巨大社会经济挑战相关，如生产能力过剩、贪污腐败、社会福利支出不足、日益严峻的社会冲突等。为了克服这些难题，中央政府需要时刻谨记其与地方政府之间的代理冲突问题以及地方官员的多重目标性，并设计出新的激励机制来加大地方政府对当地居民福利的关注并加强公众的监督力度。

3.2　相关文献综述

通过对大量相关文献的阅读，我们发现各地方政府的财政支出至少通过三个渠道产生互动：标尺竞争（与选举任命有关的竞争）、支出竞争（与招商引资有关的竞争）、支出的外部效应。

巴尔汗（Bardhan，2002）、马迪埃和迪瑟尔（Madiès and Dethier，2010）对财政分权（decentralization of goverance）、财政互动（fiscal interaction）和地方经济增长之间的关系做了深入研究。威尔逊（Wilson，1999）和费雷拉（Ferreira，2005）支持财政联邦制的传统观点，他们认为政府间竞争可以提高公共支出的效率，改善当地居民的福利。然而，巴尔汗（2002）指出，一些发展中国家和处于转型阶段的国家会存在很多体制上的摩擦，如受限的人口流动、有限的公众监督权、地方官员权责不对称等，在这种情况下，财政分权和财政竞争反而会恶化社会福利。

就中国的情况而言，韦斯特和黄（West and Wong，1995）发现财政竞争会减少中国农村地区的教育和医疗保健投入；乔等（Qiao et al.，2006）也认为分权改革导致的财政竞争会减少地方政府在教育上的投入。张和陈（Zhang and Chen，2007）利用中国的省级数据研究了政府间的财政竞争对公共支出结构的影响，发现基于外商直接投资（FDI）的基础建设投资挤占了公共服务的投资份额。卡尔德拉（Caldeira，2012）构建了一个标尺竞争模型，揭示了中国地方政府官员之间存在的竞争，在这个模型中，正是中央政府对地方官员的奖惩机制导致了地方政府之间的竞争；同时，他采用中国的省级面板数据进行了实证分析，结果表明公共支出的互动确实存在。

然而，对于和中国有着不同制度的国家而言，实证结果有较大差异。法格（Faguet，2004）通过玻利维亚的数据研究了财政分权是否增加公共投资对地方需求的反应能力，结果表明，财政分权之后，地方政府在人力资本和社会服务上发生了显著性的变化，这些变化与当地的需求呈正相关。这些发现对发展中国家的地方政府腐败严重、体制薄弱、容易形成利益团体这一普遍认识进行了反驳。阿莱格雷（Alegre，2010）对西班牙的财政分权和公共支出组成结构之间的关系进行了检验，其中公共支出被分为资本投资和公共经常支出（public current expenditure）。阿莱格雷（2010）想要通过一个模型来证明，如果集权程度足够高，分权的过程将会增加在资本商品上的公共支出从而促进经济增长；然而，超过阈值水平的额外权力下放将会产生相反的作用，减少基本建设的投资。实证结果最终证明了这一假设：在西班牙，与公共经常支出相较，财政分权确实会减少预算用于资本投资的份额。

中国的政治体制改革正在进行中，过去数十年行政村已经完成了向民主选举的过渡。阿戈斯蒂尼等（Agostini et al.，2011）用中国行政村的数据对中国农村的财政模仿行为和标尺竞争进行了研究，结果发现被选举为村支书的干部通常会增加公共项目的数量和支出以应对周边农村对公共项目的投入，而被上级任命的村支书往往不能做出这样的反应。也就是说，如果地方官员是由选民选举产生的，那么政府在社会福利支出上就存在着正的空间相关性；否则，他们在该项支出上就不存在显著竞争关系。

某些情况下，中国的公共支出存在着外部效应。虞等（2011）利用中国 2005 年 242 个城市的横截面数据进行研究，发现市政府将会减少基础设施开支以应对周边城市基础设施支出的增长。他们认为，这一结果证明了财政基建投资的正面溢出效应，这与陈等（Chen et al.，2005）和许（Xu，2010）得出的结论截然相反。陈等（2005）和许（2010）认为各地方政府会为了经济增长而参与财政竞争。郑等（Zheng et al.，2014）利用中国 1998 ~ 2006 年的省级数据进行了实证研究，结果表明中国各省份在基建投资上的财政互动（fiscal interaction）是正向的。他们认为一个城市的基础建设支出所带来的利益会流向周边的城市，这是虞等（2011）得出相反结论的症结所在，但是，省级政府的基础建设支出几乎不会对附近省份产生溢出效应。

现有文献已经对中国各地方政府在部分公共支出（如基本建设支出和社会福利支出）上的空间依赖效应（spatial dependence effect）做了广泛研究。然而，这些文献忽略了一个事实，即各地方政府在公共支出上的空间依赖效应和同一政府部门公共支出不同组成部分间的内部竞争是同时存在的。例如，除了邻近城市的基本建设支出外，一个城市的基本建设支出也可能同时受到其他因素的影响，如本市的行政管理支出［同时效应（simultaneity effect）］和周边城市的行政管理支出［交叉同伴效应（cross-activity peer effect）］。所有的影响都应在统一的框架内加以识别，否则就不能得到准确而有效的估计。单一的方程不足以捕捉和有效估计所有的空间依赖效应，因此，相应的估计结果没有较强的说服力。本章引进的联立方程网络模型可以对中国地方政府间公共支出的空间依赖效应进行较好的模拟和估计。根据这种方法，我们发现一个县政府会增加基本建设支出以应对邻县基本建设支出的增加，这与虞等（2011）得出的结论相矛盾。我们还发现，基本建设支出和行政管理支出之间是互补的，行政管理支出对社会福利支出有负的同时效应；反之亦然。

3.3 地方政府支出互动假说

空间依赖效应和财政互动不只存在于基本建设支出上，同时也存在于其他支出上。假设 i 县政府决定将有限的财政资源 EX_i 分为三个部分：基本建设支出 EX_i^1、行政管理支出 EX_i^2 和社会福利支出 EX_i^3。在中国，中央政府和地方政府之间存在着委托代理问题，并且地方政府有着促进地方经济发展、增加居民福利以及实现官员自身利益等三大目标。EX_i^2 与地方官员自身利益密切相关，因为政绩工程的支出和贪污腐败属于行政管理支出的组成部分。EX_i^3 同当地居民的福利直接相关。地方经济增长这一目标源自中国特有的地方官员考核体系——GDP 考核导向体系（卡尔德拉，2012；郑等，2014），[①] 这一体系的关键就是应用地方经济增长的状况来评估官员的政绩。因此，假定基本建设支出是促进当地经济发展的主要驱动力，i 县政府的效用 U_i 不仅依赖于 EX_i^1，还依赖于邻县的基本建设支出 $\overline{EX_i^1}$（Vijverberg et al.，2011；Bom and Ligthart，2014）。同样，i 县政府的效用和决策也取决于邻县的行政支出和社会福利支出（Qiao et al.，2006）。

对 EX_i 的分配也取决于三大目标在地方政府效用函数中的权重。因为中国县级政府官员并不是由选举产生的，对当地居民没有直接责任（巴尔汗，2002），所以效用函数中当地居民社会福利占的权重比较小，经济增长和官员自身的利益则占有较高的比重。而且，这两者之间似乎存在着正的相关关系，因为经济增长能够给官员带来巨大的利益，所以他们对自身利益的追求极大地促进了地方经济的增长。

基于上述分析以及对巴尔汗（2002）、乔等（Qiao et al.，2006）

---

① 支持这一事实的依据是：我国地方政府报告的 GDP 总额经常超过国家统计局公布的中国 GDP。

和卡尔德拉（2012）所作文献的研究，提出以下四个假设，并对它们进行实证检验。

假设 1（内生同伴效应）： 中国各地方政府在基本建设支出上存在着正的内生同伴效应。也就是说，一个县级政府将会增加该地区的基本建设支出以应对周边县城基本建设支出的增加。

假设 2（同时效应）： 行政管理支出将对基本建设支出有着正的同时效应。换句话说，如果一个地方政府的行政管理支出在公共支出中占有比较高的份额，那么这个政府就会在基本建设上投入更多。因此，基本建设支出和行政管理支出之间是互补而非替代关系。

假设 3（同时效应）： 行政管理支出将对社会福利支出产生负的同时效应，即行政管理支出对社会福利支出有较强的挤出效应。

假设 4（内生同伴效应）： 社会福利支出是没有内生同伴效应的，意味着中国各地方政府在社会福利支出上不存在财政效仿。

3.4 联立方程网络模型

在社会网络模型中，个体之间是通过网络互相影响的。这一模型最先是由曼斯基（1993）建立的，之后由李（2007）、布拉穆莱等（Bramoullé et al.，2009）、刘和李（2010）、科恩－科尔等（Cohen-Cole et al.，2012）以及刘晓东（Liu，X.，2014）等进一步发展。社会网络的主要研究兴趣在于识别和评估不同类型的社会互动效应（social interaction effects）：个体的选择可能会受到他人在同一活动中的选择行为（内生性影响）的影响；受到他人外生性特征［情境效应（contextual effect）］和共同的网络环境［关联效应（correlated effect）］的影响；同时，还会受到个体自身［同时效应（simultaneity effect）］和他人［交叉同伴效应（cross-activity peer effect）］在其他相关活动中的选择行为的影响。

假设用数据中的 n 个观测值构建 $\bar{r}$ 个网络，第 r 个网络中会有 n_r 个个体。对于第 r 个网络，刘晓东（2014）构建了一个含有两项活动的联立方程网络模型：

$$Y_{1,r} = \phi_1 Y_{2,r} + \lambda_{11} G_r Y_{1,r} + \lambda_{21} G_r Y_{2,r} + X_r \beta_1 + G_r X_r \gamma_1 + \alpha_{1,r} l_{n_r} + \epsilon_{1,r} \quad (3.1)$$

$$Y_{2,r} = \phi_2 Y_{1,r} + \lambda_{22} G_r Y_{2,r} + \lambda_{12} G_r Y_{1,r} + X_r \beta_2 + G_r X_r \gamma_2 + \alpha_{2,r} l_{n_r} + \epsilon_{2,r} \quad (3.2)$$

其中, $Y_{1,r}$ 和 $Y_{2,r}$ 是 $n_r \times 1$ 阶向量, 描述的是网络 r 中个体在两项活动中的选择行为; $G_r = [g_{ij,r}]$ 是网络 r 中的邻接矩阵[①], 它可以追踪网络 r 中的社会联系; X_r 是外生变量的 $n_r \times k_x$ 阶矩阵; l_{n_r} 是元素均为 1 的 $n_r \times 1$ 阶向量; $\varepsilon_{1,r}$、$\varepsilon_{2,r}$ 是 $n_r \times 1$ 阶扰动项向量。在空间计量经济学文献中, 这被称为空间杜宾模型 (勒萨热和佩斯, 2009)。$Y_{1,r}$ 和 $Y_{2,r}$ 分别表示 r 省各县政府的基本建设支出和行政管理支出; X_r 包含了支出分权、收入分权、实际人均 GDP、人口密度、财政供养人口规模 (fiscal supported population)、自有收入规模 (own-source revenue size) 以及行政区内的县市数量等控制变量。

在这个联立方程网络模型中, 系数 λ_{11} 和 λ_{22} 代表的是内生性影响; γ_1 和 γ_2 代表的是情境效应; ϕ_1 和 ϕ_2 代表的是同时效应; λ_{21} 和 λ_{12} 代表的是交叉同伴效应; $\alpha_{1,r}$ 和 $\alpha_{2,r}$ 代表的是网络关联效应。

令 $\mathrm{diag}\{A_S\}$ 表示对角块为 $n_s \times n_m$ 阶矩阵 A_S 的广义分块矩阵。对于 $k = 1,2,\cdots$, 令 $Y_k = (Y'_{k,1}, \cdots, Y'_{k,\bar{r}})'$、$X = (X'_1, \cdots, X'_{\bar{r}})'$、$\alpha_k = (\alpha_{k,1}, \cdots, \alpha_{k,\bar{r}})'$、$\epsilon_k = (\epsilon'_{k,1}, \cdots, \epsilon'_{k,\bar{r}})'$、$L = \mathrm{diag}\{l_{n_r}\}_{r=1}^{\bar{r}}$、$G = \mathrm{diag}\{G_r\}_{r=1}^{\bar{r}}$。首先, 对所有的 $\bar{r}$ 个网络, 式 (3.1) 和式 (3.2) 可以改写如下:

$$Y_1 = \phi_1 Y_2 + \lambda_{11} G Y_1 + \lambda_{21} G Y_2 + X\beta_1 + GX\gamma_1 + L\alpha_1 + \epsilon_1 \quad (3.3)$$

$$Y_2 = \phi_2 Y_1 + \lambda_{22} G Y_2 + \lambda_{12} G Y_1 + X\beta_2 + GX\gamma_2 + L\alpha_2 + \epsilon_2 \quad (3.4)$$

其中, $\epsilon_k = (\epsilon_{k1}, \cdots, \epsilon_{kn})'$, 假设 $E(\epsilon_{1i}) = E(\epsilon_{2i}) = 0$、$E(\epsilon_{1i}^2) = \sigma_1^2$, $E(\epsilon_{2i}^2) = \sigma_2^2$。对 $i \neq j$, 我们假设 $E(\epsilon_{1i}\epsilon_{2i}) = \sigma_{12}$ 且 $E(\epsilon_{1i}\epsilon_{2j}) = 0$, 这意味着式 (3.3) 和式 (3.4) 组成的方程组中, 同一个体的扰动项之间存在着相关关系。因此, 扰动项之间的相关性可以衡量交叉相关效应 (cross-activity correlated effect), 从而相同个体的选择之间可以是相关的。就像固定效应面板数据模型一样, 把网络特定效应 (the network-specific effects) α_1 和 α_2 当作未

[①] 如果网络是无指向的 (undirected), 则矩阵 G 是对称的; 如果 i 和 j 彼此相关, 那么 $g_{ij} = 1$, 否则 $g_{ij} = 0$。如果网络是有指向 (directed) 的, 那么 G 是不对称的; 如果 i 到 j 是有指向的, 那么 $g_{ij} = 1$, 否则 $g_{ij} = 0$。

知参数，它们就会依赖矩阵 X 和矩阵 G。为了避免网络数量 $\bar{r}$ 过大带来的附带参数问题（incidental parameter problem），将固定效应面板数据模型的组内转换（within transformation）应用到联立方程组网络模型中，用以消除网络固定效应，具体转换如下：

$$JY_1 = \phi_1 JY_2 + \lambda_{11} J\,GY_1 + \lambda_{21} J\,GY_2 + JX\beta_1 + JGX\gamma_1 + J\epsilon_1 \qquad (3.5)$$

$$JY_2 = \phi_2 JY_1 + \lambda_{22} J\,GY_2 + \lambda_{12} J\,GY_1 + JX\beta_2 + JGX\gamma_2 + J\epsilon_2 \qquad (3.6)$$

在 $\lambda_{21} = \lambda_{12} = 0$ 或 $\phi_1 = \phi_2 = 0$ 的限制条件之下，科恩 - 科尔等（2012）和刘（2014）为识别联立方程组网络模型设立了各种条件。刘（2014）认为，对于式（3.3）和式（3.4）构建的广义联立方程组网络模型，如果缺乏排他性约束，各种社会互动效应就不能被单独识别出来，而解决这个问题的一种方法就是对外生变量设置排他性约束。刘（2014）为识别下列广义联立方程组网络模型建立了条件。

$$Y_1 = \phi_1 Y_2 + \lambda_{11} GY_1 + \lambda_{21} GY_2 + X_1\beta_1 + GX_1\gamma_1 + L\alpha_1 + \epsilon_1 \qquad (3.7)$$

$$Y_2 = \phi_2 Y_1 + \lambda_{22} GY_2 + \lambda_{12} GY_1 + X_2\beta_2 + GX_2\gamma_2 + L\alpha_2 + \epsilon_2 \qquad (3.8)$$

为了对式（3.7）和式（3.8）进行估计，刘（2014）用一套可行的工具变量来近似模型的简化方程指定的最优工具变量（不可行），从而得出了 2SLS 和 3SLS 估计量。在有限的模型中，工具变量也是有限的，2SLS 和 3SLS 估计量是无偏的。在大样本中，当工具变量增加的速度慢于样本数量的增加时，2SLS 和 3SLS 估计量是一致的且是渐近正态分布的，但当数据中存在网络数目较多时，这些估计量却是渐近有偏的（asymptotically biased）。因此，刘（2014）提出了偏差修正的（bias-corrected）2SLS 和 3SLS 估计量。

因为用于本章基准估计的网络数目是 23 个，同 1131 个的样本量相较规模并不大，所以，在实证分析结果的部分中我们对修正偏倚估计量的依赖将会减少。在联立方程网络模型中，因为 3SLS 估计量允许不同方程的误差项之间存在相关性，所以比 2SLS 估计量更有效。但在稳健性检验中，网络模型是基于地级市（prefectures）而非省份建立的，总共有 169 个网络，样本规模十分庞大，所以，我们更倾向于多工具变量法（IV）估计中的偏差修正的（bias-corrected）3SLS 估计量。

正如前面的讨论，我们需要一些排他性约束（exclusion restrictions）来识别式（3.7）和式（3.8）中的多种同伴效应，其中每个因变量至少需要一个排他性约束。如前文所述的估计方法，本章把滞后变量（2003～2005年）作为 2006 年观测值的工具变量。

本章将采用式（3.7）和式（3.8）给定的联立方程网络模型来研究中国各地方政府在分配公共支出时存在的社会互动效应，对估计量[①]的选择是基于刘晓东（2014）采用的工具变量法。

3.5 地方政府支出互动实证分析

3.5.1 数据及其处理

本章采用的数据来源于贾等（Jia et al.，2014）的研究，其原始数据收集自《全国地市县财政统计资料》（1998～2007年），这些数据和基本的经济变量涵盖了全部的县级行政单位（县、县级市、市区），并记录了地方政府各类型收入、支出和转移的详细情况。2001 年之后的县级人口数据来自《中国区域经济统计年鉴》（2001～2007年）。贾等（2014）使用的是 1997～2006 年 1920 个县级单位的非平衡面板数据，但因医疗卫生支出这一关键变量 2003 年才开始记录，因此本章将样本区间限定为 2003～2006 年。

我国是在高度集权的政治体制之下实行的财政分权制度，中国的财政体系可以分为五个层次：中央、省、地级市、县和乡镇。2006 年，这一体系中有 1 个中央政府、31 个省（区、市）、333 个地级市、2860 个县，以及 41040 个乡镇（Jia et al.，2014）。省级以下的地方政府的财政制度以自治为主。因为政府的财政收入被集中管理，和之前相比，地方政府的资金来源更少，所以政府更倾向于将财政支出责任推卸给下级政府。1997～2006 年，政府支出总额中县级政府平均占比 28.98%，在教育支出中占比 49.38%。在接下来的分析中，我们将以省级单位为基础定义社会网络，并

---

① 特别感谢刘晓东（2014）提供的计量估计的 Matlab 命令。

以地级市为基础做稳健性检验。由于标准空间计量经济模型的估计通常要求回归变量没有数据缺失，因此，我们去除了有数据缺失的县级单位，以及在社会网络中没有或者只有一个邻居的县级单位。最终，本章采用的样本是 2003～2006 年 1131 个县级单位的平衡面板数据。

3.5.2　变量描述

我们主要从基本建设支出、行政管理支出和社会福利支出（教育支出、医疗保健支出和社会保障支出的总和）三个方面研究各地方政府在公共支出上的互动。这些支出变量用各项目支出在县政府公共支出总额中所占的比重来代表。基本建设支出主要包括基建投资，如道路建设和水利设施，这对拉动地方经济有着最直接的影响。行政管理支出是与行政管理、公共安全、司法和检察相关的支出。值得注意的是，行政管理支出中包含的项目并不完整，如地税局的花费并未被包含在内。教育支出主要用于义务教育（中小学）、职业教育、成人教育和教师培训，我国县政府承担着地方教育的主要责任。社会保障补贴（social security subsides）包括对社会保障基金（subsides to social security funds）、就业支持和国有企业下岗职工的补贴。从表 3 - 1 关键变量的描述性统计中可以看出，县政府的社会福利支出在其公共支出总额中占比最大为 30.852%，教育支出所占份额为 23.044%。尽管基本建设支出对经济增长有着最直接的影响，但这一支出所占的份额（6.203%）比行政管理支出（13.825%）的一半还要小。

表 3 - 1　　　　　　　　　　关键变量的描述性统计

变量	观测值	均值	标准差	最小值	最大值
基本建设支出	4524	6.203	6.200	0.004	55.953
行政管理支出	4524	13.825	4.060	4.284	36.958
教育支出	4524	23.044	6.609	3.078	47.275
医疗保健支出	4524	4.816	1.860	0.649	14.367
社会保障支出	4524	2.993	2.710	0.018	24.758
社会福利支出	4524	30.852	6.983	7.006	54.172
支出分权	4524	31.817	22.230	2.319	95.847

变量	观测值	均值	标准差	最小值	最大值
收入人权	4524	19.492	17.989	0.327	92.211
Log 实际人均 GDP	4524	2.887	0.742	-1.554	5.222
Log 人口密度	4524	4.949	1.531	-1.937	7.778
财政供养人口	4524	3.322	1.679	1.290	21.470
自有收入规模	4524	4.176	7.209	0.705	269.809
省直管县（PGC）	4524	0.118	0.323	0.000	1.000
县级数量	4524	7.880	4.495	1.000	22.000

表 3-1 中的变量被用来捕捉可能对政府支出产生影响的因素。财政分权有两种：支出分权和收入分权。支出（收入）分权是指县级政府人均支出（收入）占政府支出总额（收入）的比例，政府支出总额中包含了县政府、地级市政府、省政府和中央政府的支出。需要注意的是，属省直管（PGC）的县级单位会直接绕过地级市政府直接与省政府进行互动，因此，地级市政府的公共支出（收入）是不会包含在政府支出（收入）总额之内的。以 1997 年省级消费物价指数平减的实际人均 GDP 用来刻画瓦格纳定律（政府支出规模随收入增长而增加）；人口密度可能揭示了公共服务提供上的规模效应。实际人均 GDP 和人口密度的对数值被用于回归方程中。财政供养人口规模是指财政供养人口占当地总人口的比重。自有收入规模（own-source revenue）是指县政府的自有收入占当地 GDP 的比重。是否存在 PGC 财政系统用虚拟变量进行表示，这一特定的财政安排可能会影响地方财政支出政策。辖区内的财政竞争程度用地级市内的县级财政单位数量来衡量。

3.5.3　网络结构

县政府支出间策略互动的网络结构是用一个邻接矩阵 $G = [g_{ij}]$ 度量的。网络结构（也被称为空间计量经济学的空间权重矩阵）是一个需要考虑的重要问题。最常用的一种空间矩阵就是邻接矩阵，是基于县城是否相邻而构造的。因为我们需要许多网络来识别各种同伴效应，所以我们根据县级行政区定义了不同的网络；同时，本章为了得到基准估计，又以省为单位定义了不同的网络。接下来将按照通常的方法来定义郑等（2013）和其他学者使用的邻接矩阵，全样本的邻接矩阵定义如下：

$$g_{ij} = \begin{cases} 1, i \text{县和} j \text{县相邻，且都属于同一个省份} \\ 0, \text{其他} \end{cases}$$

我们的样本包含 1131 个县城，分布在 23 个网络里，网络规模从 3 到 136 不等，网络规模的均值和标准差分别是 49.174 和 40.035。

3.5.4 实证分析结果

对联立方程网络模型进行估计之前，我们用全局莫兰指数检验（global Moran's I test）对地方政府的各类公共支出进行了空间相关性检验。莫兰指数的范围是 [-1,1]，其绝对值越大，空间自相关性就越强。表 3-2 列出了莫兰指数检验的结果，结果显示，在控制了一组相关变量之后，地方公共支出呈现显著的空间自相关。因此，我们继续使用联立方程网络模型进行空间分析。

表 3-2 公共支出组成部分的莫兰指数检验结果

变量	莫兰指数	莫兰指数统计量	p 值	均值	标准差	变量数
基本建设支出	0.348	15.630	0.000	-0.004	0.023	8
行政管理支出	0.388	17.411	0.000	-0.004	0.023	8
教育支出	0.518	23.151	0.000	-0.004	0.023	8
医疗保健支出	0.435	19.475	0.000	-0.004	0.023	8
社会保障支出	0.524	23.436	0.000	-0.004	0.023	8
福利支出	0.443	19.856	0.000	-0.004	0.023	8

表 3-3 显示了将基本建设支出和行政管理支出同时考虑在内的模型估计结果，发现表示内生同伴效应的 6 个估计量全都显著为正。这一结果同郑等（2014）的结论是一致的，但与虞等（2011）的结论是相矛盾的，意味着一个县政府将会增加基本建设支出以应对周边县政府基本建设支出的增加。所以，我国县政府在基本建设支出上的财政互动是以支出竞争，而不是支出的外部效应为主导的。

表 3 – 3　　　　　　　　基本建设支出和行政管理支出的同伴效应估计
（政府支出的百分比）

项目	有限 IV 2SLS	多 IV 2SLS	偏差修正的 多 IV 2SLS	有限 IV 3SLS	多 IV 3SLS	偏差修正的 多 IV 3SLS
同时效应 ϕ_1	0.099 *** (0.041)	0.096 *** (0.041)	0.101 *** (0.041)	0.099 *** (0.041)	0.108 *** (0.041)	0.094 ** (0.041)
内生同伴效应 λ_{11}	0.037 *** (0.016)	0.042 *** (0.025)	0.024 * (0.014)	0.041 *** (0.015)	0.046 *** (0.014)	0.028 ** (0.014)
交叉同伴效应 λ_{21}	− 0.016 * (0.008)	− 0.018 ** (0.008)	− 0.009 (0.008)	− 0.017 ** (0.008)	− 0.020 *** (0.008)	− 0.011 (0.008)
支出分权	− 0.006 (0.021)	− 0.006 (0.021)	− 0.006 (0.021)	− 0.006 (0.021)	− 0.005 (0.021)	− 0.007 (0.021)
收入分权	0.019 (0.019)	0.019 (0.019)	0.019 (0.019)	0.020 (0.019)	0.020 (0.019)	0.020 (0.019)
Log 实际人均 GDP	0.544 * (0.301)	0.536 * (0.301)	0.558 * (0.303)	0.528 * (0.301)	0.535 * (0.301)	0.532 * (0.302)
Log 人口密度	− 0.721 *** (0.188)	− 0.721 *** (0.188)	− 0.713 *** (0.189)	− 0.731 *** (0.188)	− 0.726 *** (0.188)	− 0.726 *** (0.188)
财政供养人口	− 0.097 (0.114)	− 0.096 (0.113)	− 0.092 (0.114)	− 0.094 (0.113)	− 0.100 (0.113)	− 0.087 (0.114)
自有收入规模	0.153 *** (0.046)	0.154 *** (0.046)	0.148 *** (0.046)	0.151 *** (0.046)	0.154 *** (0.046)	0.145 *** (0.046)
PGC	− 1.210 (1.134)	− 1.216 (1.131)	− 1.166 (1.139)	− 1.248 (1.133)	− 1.297 (1.132)	− 1.180 (1.136)
县级数量	− 0.058 (0.059)	− 0.058 (0.059)	− 0.058 (0.059)	− 0.056 (0.059)	− 0.056 (0.059)	− 0.056 (0.059)
情境效应	控制	控制	控制	控制	控制	控制
网络固定效应	控制	控制	控制	控制	控制	控制
一阶段 F 检验统计量	29.788	16.490				
OIR 检验 p 值	0.184					
观测值	1131	1131	1131	1131	1131	1131

注：本表列示的是式（3.7）的估计结果，因为网络数目比较小，我们更青睐有限 IV 估计的 3SLS 估计结果。括号内数字是标准误；*、** 和 *** 分别代表在 10%、5% 和 1% 的水平上显著。

由表 3 - 3 可知，基本建设支出的同时效应为正，且统计性显著。这意味着当行政管理支出所占份额较高时，县政府也会倾向于增加基本建设支出。换句话说，中国地方政府的基本建设支出和行政管理支出之间是互补而非替代关系。同时，因为中国的地方官员考核体系是以 GDP 为导向的，所以他们也十分渴望增加基本建设支出来促进经济增长，但这些将会挤出社会福利支出。

行政管理支出对基本建设支出的交叉同伴效应是负的，并且这一影响也比较小。负的交叉同伴效应意味着当保持内生同伴效应和同时效应不变时，邻县县政府增加行政管理支出的行为会导致本县县政府减少基本建设支出。这反映了地方政府支出互动（expenditure interaction）以及效用函数的复杂性。正如之前预测的那样，表 3 - 4 显示，邻县县政府增加行政管理开支也意味着其社会福利支出的减少。在一定程度上，本县县政府认为邻县的财政支出分配表现差强人意，因此，"标尺竞争"（yardstick competition）压力比较小，在其他条件不变的情况下，该政府会减少基本建设支出。

表 3 - 4　　福利支出和行政管理支出的同伴效应估计（政府支出的百分比）

项目	有限 IV 2SLS	多 IV 2SLS	偏差修正的多 IV 2SLS	有限 IV 3SLS	多 IV 3SLS	偏差修正的多 IV 3SLS
同时效应 ϕ_1	-0.138*** (0.035)	-0.129*** (0.034)	-0.138*** (0.036)	-0.139*** (0.034)	-0.134*** (0.034)	-0.135*** (0.034)
内生同伴效应 λ_{11}	-0.001 (0.005)	0.001 (0.005)	-0.001 (0.026)	-0.000 (0.005)	0.001 (0.005)	0.000 (0.005)
交叉同伴效应 λ_{21}	-0.005 (0.010)	-0.008 (0.010)	-0.006 (0.013)	-0.006 (0.010)	-0.008 (0.010)	-0.006 (0.010)
支出分权	0.012 (0.018)	0.012 (0.018)	0.012 (0.019)	0.010 (0.018)	0.010 (0.018)	0.010 (0.018)
收入分权	-0.009 (0.016)	-0.009 (0.016)	-0.009 (0.016)	-0.008 (0.016)	-0.007 (0.016)	-0.008 (0.016)
Log 实际人均 GDP	-1.173*** (0.249)	-1.171*** (0.249)	-1.173*** (0.253)	-1.178*** (0.249)	-1.179*** (0.249)	-1.174*** (0.249)

项目	有限 IV 2SLS	多 IV 2SLS	偏差修正的多 IV 2SLS	有限 IV 3SLS	多 IV 3SLS	偏差修正的多 IV 3SLS
Log 人口密度	−0.009 (0.162)	−0.009 (0.161)	−0.006 (0.164)	−0.022 (0.162)	−0.023 (0.161)	−0.018 (0.161)
财政供养人口	−0.118 (0.093)	−0.121 (0.092)	−0.117 (0.100)	−0.117 (0.093)	−0.118 (0.092)	−0.118 (0.092)
自有收入规模	−0.077** (0.037)	−0.077** (0.037)	−0.077** (0.037)	−0.077** (0.037)	−0.077** (0.037)	−0.077** (0.037)
PGC	−0.378 (0.936)	−0.394 (0.934)	−0.371 (0.936)	−0.308 (0.936)	−0.308 (0.934)	−0.310 (0.935)
县级数量	−0.066 (0.050)	−0.068 (0.049)	−0.067 (0.044)	−0.069 (0.050)	−0.072 (0.049)	−0.070 (0.049)
情境效应	控制	控制	控制	控制	控制	控制
网络固定效应	控制	控制	控制	控制	控制	控制
一阶段 F 检验统计量	94.463	43.999				
OIR 检验 p 值	0.121					
观测值	1131	1131	1131	1131	1131	1131

注：本表列示的是式（3.7）的估计结果，因为网络数目比较小，我们更青睐有限 IV 估计的 3SLS 估计结果。括号内数字是标准误；*、** 和 *** 分别代表在 10%、5% 和 1% 的水平上显著。

表 3-5 列示了式（3.8）的估计结果。基本建设支出对行政管理支出的同时效应也是正的，这一结果进一步印证了我们的结论，即中国地方政府的基本建设支出和行政管理支出是互补的。同时，行政管理支出的内生同伴效应并不显著，说明中国地方政府在这一支出上不存在财政模仿（fiscal mimicking）。

表 3-5　　　　基本建设支出和行政管理支出的同伴效应估计
（政府支出的百分比）

项目	有限 IV 2SLS	多 IV 2SLS	偏差修正的多 IV 2SLS	有限 IV 3SLS	多 IV 3SLS	偏差修正的多 IV 3SLS
同时效应 ϕ_2	0.037** (0.019)	0.033* (0.019)	0.042** (0.019)	0.048*** (0.019)	0.048*** (0.019)	0.043** (0.019)
内生同伴效应 λ_{22}	0.001 (0.004)	0.002 (0.004)	0.001 (0.004)	0.003 (0.004)	0.004 (0.004)	0.002 (0.004)

续表

项目	有限 IV 2SLS	多 IV 2SLS	偏差修正的多 IV 2SLS	有限 IV 3SLS	多 IV 3SLS	偏差修正的多 IV 3SLS
交叉同伴效应 λ_{12}	-0.003 (0.006)	-0.004 (0.006)	-0.003 (0.006)	-0.007 (0.006)	-0.008 (0.006)	-0.006 (0.006)
控制变量	控制	控制	控制	控制	控制	控制
情境效应	控制	控制	控制	控制	控制	控制
网络固定效应	控制	控制	控制	控制	控制	控制
一阶段 F 检验统计量	32.534	17.649				
OIR 检验 p 值	0.186					
观测值	1131	1131	1131	1131	1131	1131

注：本表列示的是式（3.8）的估计结果，控制变量与表 3-3 相同。因为网络数目比较少，我们更青睐有限 IV 估计的 3SLS 估计结果。括号内数字是标准误；*、** 和 *** 分别代表在 10%、5% 和 1% 的水平上显著。

为了加深对问题的分析，我们对式（3.7）和式（3.8）构建的模型进行了估计，在这个模型中，地方政府的社会福利支出和行政管理支出被同时考虑在内，表 3-4 列示了相关的估计结果。我们发现行政管理支出对福利支出具有强烈的挤出效应，这与表 3-3 的结果是一致的。这进一步支持了我们的假设，即中国县级政府官员不是选举产生的，对当地居民没有直接责任，因此在他们的效用函数中当地居民社会福利的权重很小，而经济增长和个人利益的权重很大。基于上述假设，我们也认为地方政府在社会福利支出上不存在财政模拟，表 3-4 中代表内生同伴效应的系数并不显著，这一结果证实了我们的观点。然而，表 3-6 显示，福利支出对行政管理支出没有显著的挤出效应，因此，行政管理支出和福利支出之间负的同时效应不仅揭示了二者之间负的相关关系，也揭示了它们之间的因果关系。

社会福利支出由三部分组成：社会保障补贴（social security subsides）、教育支出和医疗保健支出。为了探究中国地方政府间行政管理支出和社会福利支出不同组成部分之间的财政互动关系（fiscal interaction），我们在表 3-8 中报告了相应的估计结果。从同时效应上看，行政管理支出对教育

表 3 - 6　　　　　　福利支出和行政管理支出的同伴效应估计
（政府支出的百分比）

项目	有限 IV 2SLS	多 IV 2SLS	偏差修正的 多 IV 2SLS	有限 IV 3SLS	多 IV 3SLS	偏差修正的 多 IV 3SLS
同时效应 ϕ_2	-0.007 (0.014)	-0.004 (0.014)	-0.007 (0.014)	-0.008 (0.014)	-0.006 (0.014)	-0.007 (0.014)
内生同伴效应 λ_{22}	-0.003 (0.007)	-0.001 (0.007)	-0.004 (0.007)	-0.004 (0.007)	-0.001 (0.007)	-0.004 (0.007)
交叉同伴效应 λ_{12}	0.001 (0.003)	0.000 (0.003)	0.002 (0.003)	0.002 (0.003)	0.001 (0.003)	0.002 (0.003)
控制变量	控制	控制	控制	控制	控制	控制
情境效应	控制	控制	控制	控制	控制	控制
网络固定效应	控制	控制	控制	控制	控制	控制
一阶段 F 检验统计量	104.446	45.517				
OIR 检验 p 值	0.308					
观测值	1131	1131	1131	1131	1131	1131

注：本表列示的是式（3.8）的估计结果，控制变量与表 3 - 4 相同。因为网络数目比较少，我们更青睐有限 IV 估计的 3SLS 估计结果。括号内数字是标准误；*、** 和 *** 分别代表在 10%、5% 和 1% 的水平上显著。

支出①具有很强的挤出效应，对社会保障补贴和医疗保健开支的挤出效应很小且不显著。如表 3 - 1 所示，教育支出是社会福利开支的最大组成部分，占比超过 70%，因此，行政管理支出对社会福利支出有着较强的净挤出效应。而表 3 - 7 显示，教育支出对行政管理支出并没有挤出效应。

---

① 理论上讲，教育支出有助于人力资本的积累，从而促进经济增长。从长期来看，这一点适用于整个国家。然而，韦斯特和黄（West and Wong, 1995）、乔等（2006）的实证结果发现，在我国县城，教育支出对经济增长的积极作用在官员的任期内（通常是 5 年）是非常小的。因此，地方政府很少把教育支出视为地方经济增长的驱动力。

表 3 - 7　　　福利支出每一个组成部分和行政管理支出的同伴效应估计
（政府支出的百分比）

项目	社会保障支出	教育支出	医疗保健支出
同时效应 ϕ_1	-0.074^* (0.039)	0.001 (0.015)	-0.004 (0.049)
内生同伴效应 λ_{11}	-0.000 (0.003)	-0.004 (0.007)	-0.006 (0.007)
交叉同伴效应 λ_{21}	0.001 (0.010)	0.002 (0.004)	0.015 (0.016)
控制变量	控制	控制	控制
情境效应	控制	控制	控制
网络固定效应	控制	控制	控制
一阶段 F 检验统计量	31.982	48.925	20.966
OIR 检验 p 值	0.103	0.604	0.204
观测值	1131	1131	1131

注：本表列示的是式（3.8）基于有限 IV 估计的 3SLS 估计结果，控制变量与表 3 - 8 相同。括号内数字是标准误；$*$、$**$ 和 $***$ 分别代表在 10%、5% 和 1% 的水平上显著。

　　虽然社会福利支出整体上没有内生同伴效应，但这项开支的一些组成部分可能存在着显著的内生同伴效应，如社会保障补贴（见表 3 - 8）。这个正的同伴效应来自地方政府间的财政模仿和财政竞争。虽然中国的县级政府官员并不是由当地居民选举产生，也不对其负有直接的责任，但中央规定他们有责任维护社会稳定，社会保障补贴就与社会动荡和群众骚乱密切相关。为了维护社会稳定，当邻县增加社会保障补贴开支时，本县也可能会增加这方面的开支。但是，如表 3 - 8 所示，医疗保健和教育支出的内生同伴效应并不显著。因为社会保障补贴在整个社会福利支出中所占比重很小，所以如表 3 - 4 所示，社会福利支出的内生同伴效应是不显著的。

表 3 - 8　　　福利支出每一个组成部分和行政管理支出的同伴效应估计
（政府支出的百分比）

项目	社会保障支出	教育支出	医疗保健支出
同时效应 ϕ_1	-0.030^{**} (0.015)	-0.104^{***} (0.030)	-0.013 (0.013)
内生同伴效应 λ_{11}	0.022^{***} (0.009)	-0.002 (0.005)	0.006 (0.011)

项目	社会保障支出	教育支出	医疗保健支出
交叉同伴效应 λ_{21}	−0.003 (0.002)	−0.002 (0.008)	−0.002 (0.004)
支出分权	0.011 (0.007)	−0.013 (0.015)	0.001 (0.006)
收入分权	−0.008 (0.007)	−0.002 (0.013)	−0.008 (0.006)
Log 实际人均 GDP	−0.011 (0.103)	−1.039 *** (0.209)	−0.019 (0.091)
Log 人口密度	−0.081 (0.064)	−0.030 (0.133)	−0.016 (0.057)
财政供养人口	0.036 (0.040)	−0.207 *** (0.079)	−0.079 ** (0.035)
自有收入规模	0.007 (0.005)	−0.032 *** (0.011)	−0.003 (0.005)
PGC	−0.432 (0.395)	0.657 (0.797)	0.383 (0.345)
县级数量	0.004 (0.020)	−0.066 (0.041)	−0.018 (0.018)
情境效应	控制	控制	控制
网络固定效应	控制	控制	控制
一阶段 F 检验统计量	42.775	42.619	32.724
OIR 检验 p 值	0.888	0.205	0.809
观测值	1131	1131	1131

注：本表列示的是式（3.7）的估计结果，因为网络数目比较少，我们更青睐有限 IV 估计的 3SLS 估计结果。括号内数字是标准误；* 、** 和 *** 分别代表在 10%、5% 和 1% 的水平上显著。

为了检验估计结果对网络构建是否敏感，在这一部分我们用基于地级市（prefectures）构建的网络代替基于省构建的网络。检验之前，我们从样本中剔除了一些省直管县（PGC），并去除了只由一个县和两个县构成的网络，这使我们进一步失去了一些观测样本。现在样本中仅包含

1046 个县级单位，它们分布在 169 个网络上。正如前文的解释，因为网络数量相对较多，我们更倾向于多 IV 估计中偏差修正的（bias-corrected）3SLS 估计量。

表 3-9、表 3-10 和表 3-11 列出了稳健性检验的估计结果，它们分别与表 3-3、表 3-4 和表 3-8 一一对应。总的来说，从表 3-3、表 3-4 和表 3-8 得出的主要结论是稳健的：基本建设支出的内生同伴效应是正的；基本建设支出和行政管理支出是互补的；行政管理支出对基本建设支出的交叉同伴效应是负的；行政管理支出对社会福利支出有着较强的挤出效应，尤其是教育支出这一主要组成部分；地方政府在社会福利支出上不存在财政模仿；社会保障补贴有一个正的内生同伴效应。

表 3-9　　　　基本建设支出和行政管理支出的同伴效应估计
（政府支出的百分比）

项目	有限 IV 2SLS	多 IV 2SLS	偏差修正的多 IV 2SLS	有限 IV 3SLS	多 IV 3SLS	偏差修正的多 IV 3SLS
同时效应 ϕ_1	0. 148 *** (0. 047)	0. 120 *** (0. 044)	0. 168 *** (0. 044)	0. 146 *** (0. 046)	0. 193 *** (0. 043)	0. 160 *** (0. 043)
内生同伴效应 λ_{11}	0. 034 (0. 027)	0. 107 *** (0. 018)	0. 062 *** (0. 018)	0. 025 (0. 026)	0. 102 *** (0. 018)	0. 054 *** (0. 018)
交叉同伴效应 λ_{21}	- 0. 036 *** (0. 014)	- 0. 067 *** (0. 011)	- 0. 050 *** (0. 011)	- 0. 033 *** (0. 013)	- 0. 067 *** (0. 010)	- 0. 047 *** (0. 010)
控制变量	控制	控制	控制	控制	控制	控制
情境效应	控制	控制	控制	控制	控制	控制
网络固定效应	控制	控制	控制	控制	控制	控制
一阶段 F 检验统计量	20. 609	12. 434				
OIR 检验 p 值	0. 620					
观测值	1046	1046	1046	1046	1046	1046

注：本表列示的是式（3.7）的估计结果，这个网络是基于地级市构建的，控制变量与表 3-3 相同。因为网络数目比较多，我们更青睐多 IV 估计中的偏差修正的 3SLS 估计结果。括号内数字是标准误；* 、** 和 *** 分别代表在 10%、5% 和 1% 的水平上显著。

表 3 - 10 　　　　福利支出和行政管理支出的同伴效应估计
（政府支出的百分比）

项目	有限 IV 2SLS	多 IV 2SLS	偏差修正的 多 IV 2SLS	有限 IV 3SLS	多 IV 3SLS	偏差修正的 多 IV 3SLS
同时效应 ϕ_1	-0.159 *** (0.039)	-0.110 *** (0.036)	-0.154 *** (0.036)	-0.161 *** (0.039)	-0.145 *** (0.036)	-0.151 *** (0.036)
内生同伴效应 λ_{11}	-0.001 (0.007)	0.016 ** (0.007)	0.010 (0.007)	-0.001 (0.007)	0.014 ** (0.007)	0.010 (0.007)
交叉同伴效应 λ_{21}	-0.003 (0.014)	-0.030 ** (0.013)	-0.018 (0.013)	-0.002 (0.014)	-0.026 * (0.013)	-0.019 (0.013)
控制变量	控制	控制	控制	控制	控制	控制
情境效应	控制	控制	控制	控制	控制	控制
网络固定效应	控制	控制	控制	控制	控制	控制
一阶段 F 检验统计量	53.806	49.835				
OIR 检验 p 值	0.127					
观测值	1046	1046	1046	1046	1046	1046

注：本表列示的是式（3.7）估计结果，这个网络是基于地级市构建的，控制变量与表 3 - 4 相同。因为网络数目比较多，我们更青睐多 IV 估计中的偏差修正的 3SLS 估计结果。括号内数字是标准误；* 、** 和 *** 分别代表在 10% 、5% 和 1% 的水平上显著。

表 3 - 11 　福利支出每一个组成部分和行政管理支出的同伴效应估计
（政府支出的百分比）

项目	社会保障支出	教育支出	医疗保健支出
同时效应 ϕ_1	-0.040 *** (0.016)	-0.105 *** (0.031)	0.001 (0.014)
内生同伴效应 λ_{11}	0.054 *** (0.012)	0.012 (0.007)	0.003 (0.013)
交叉同伴效应 λ_{21}	-0.007 (0.009)	-0.016 (0.011)	-0.001 (0.005)
控制变量	控制	控制	控制
情境效应	控制	控制	控制
网络固定效应	控制	控制	控制
一阶段 F 检验统计量	33.237	48.783	34.822
OIR 检验 p 值	0.161	0.146	0.515
观测值	1046	1046	1046

注：本表列示的是式（3.7）基于多 IV 估计中的偏差修正的 3SLS 估计结果，这个网络是基于地级市构建的，控制变量与表 3 - 8 相同。括号内数字是标准误；* 、** 和 *** 分别代表在 10% 、5% 和 1% 的水平上显著。

3.6　结　论

中国地方政府间的财政竞争、模仿和互动是一个复杂的网络。传统单个方程的空间计量经济模型不能反映出财政互动的特性，也无法计量、估计出除内生同伴效应之外的其他互动效应。本章构建的联立方程网络模型能更好地模拟、估计出拥有多目标的中国地方政府间的公共支出互动。

本章使用了中国县级财政数据，并得出以下主要结论。第一，基本建设支出具有正的内生同伴效应，因此，中国县级政府在基本建设支出上的财政互动以支出竞争而不是支出的外部效应为主。第二，中国地方政府的基本建设支出和行政管理支出之间是互补而非替代关系。第三，行政管理支出对社会福利支出具有较强的挤出效应，并且地方政府在社会福利支出上不存在财政模仿，这是因为中国县级政府官员不是由当地居民选举产生的且不对他们负有直接责任。第四，在社会福利支出中占比最少的社会保障补贴存在显著的正向内生同伴效应，这主要是因为中央政府规定地方政府有责任维护社会稳定。中国政府目前正在向"服务型政府"转变，本章主要结论的政策含义是：中央政府应该设计一种新型的激励机制，使地方官员更加关注当地居民的社会福利，并增强公众的监督能力。

本章的分析可以在以下几个方向得到进一步发展。第一，如果存在一些有效的排他性约束（而不是用滞后的因变量作为工具变量）将会更加合理，尽管对县级数据来说，这项工作并不容易。第二，从计量经济学的角度来看，这个模型可以扩展到一个拥有多因变量（但有限）的联立方程网络面板模型，但这取决于计量经济学估计方法的发展和进步。

第4章　邻国效应是否影响
增值税的实施

——基于空间久期模型的分析

4.1　研究增值税实施的背景和意义

增值税的概念虽然早在 20 世纪 50 年代就被提及，但到 60年代末仅有少数国家起征增值税，然而，到 90 年代有多达近150 个国家开始征收增值税，且其征收使各国的税收收入平均提升了 25%（Ebrill et al.，2001）。增值税是对价值增加部分进行征收的税种，即对厂商出售商品和劳务之前，其在原材料价值基础上通过加工等方式而导致商品或劳务价值增加的部分进行征税。增值税的发票抵扣机制（invoice-credit mechanism），即试图对生产—分销过程中的每一个环节所产生的价值增值部分均进行征税的特质，使增值税与其他诸如销售税或是流转税等税种存在本质上的差别。尽管增值税对投入品的征收将带来一定的负面结果，但考虑到预期有效收益和可能的监管优势，[①] 增值税或是替代其他对生产、销售环节征收的税种，如流转税等；

---

① 达斯古普塔和刚（Das-Gupta and Gang，2003）从理论角度考察了增值税一个可能的重要监管优点——交叉匹配的交易（transactions cross-matching）优势。关于这一方面，埃布里等（2001）以及基恩和洛克伍德（2010）给出了有限的实证结果。

或是被重新引入使用，正逐渐在全球各国得到普及。不论是从税制方面还是从监管层面考量，增值税无疑是近几十年来最重要的发展结果，而本章的主要目的在于研究增值税在一个国家中的引入及使用将受到哪些因素的影响，尤其是邻国颁布增值税的举措所带来的动态影响。因此，本章使用过去 40 年间增值税的征收数据，并采用了空间久期模型对估计结果进行探讨。

尽管增值税的使用将对政府收入及政局稳定、进出口（Keen and Lockwood，2010）产生重要的实质影响，但在学术领域仍鲜少有对其的深入研究，在实证领域尤其如此。[①] 埃布里等（2001）简要提出了一些思路以筛选影响增值税使用的潜在决定因素，[②] 认为人均 GDP 高、对外开放程度低、识字率高且人口众多的国家更倾向于采用增值税，但是他们并未对其进行严谨讨论。基恩和洛克伍德（2010）运用动态 Probit 模型考察了 143 个国家 1975~2000 年的数据，首次正式地探究各国采用增值税的原因及结果，他们的研究创新性地考虑了邻国可能对增值税的使用造成影响：对于一个国家而言，如果处在同一区域的其他国家也采用了增值税，则该国更倾向于也征收增值税，即所谓的模仿效应（copycat effect）。然而，基恩和洛克伍德（2010）并没有使用空间计量模型或生存分析等计量方法对邻国的可能影响做出量化刻画。[③]

为了研究各邻国之间在决定是否使用增值税这一问题上的空间相关性，仅仅使用一个用于表示相同区域中各国增值税使用率的变量是远远不够的。邻国之间的这一相关性可能受到许多因素的影响，诸如建立在"标尺竞赛"上的模仿效应（Besley and Case，1995）、贸易竞争，或是经济体、组织生态等全球性的共同影响［如国际货币基金组织（IMF）］。因

---

① 有许多研究关注增值税的颁布所带来的经济效益。内勒（Nellor，1987）使用欧洲 11 个国家在 20 世纪 60~70 年代的数据，实证分析了使用增值税将带来何种收入效应，并说明增值税的采用将提高税收 – GDP 比率；德赛和海因斯（Desai and Hines，2005）研究了增值税的使用对国际贸易的影响，发现增值税将导致进出口量的减少。此外，对出口量的这一负面影响在低收入国家中更为显著。

② 本章关注增值税的颁布日期，然而，将交替使用增值税的颁布、采用和施行等概念。

③ 布罗克迈尔（Brockmeyer，2010）使用 Cox 比例风险模型、采取 125 个国家在 1975~2000 年的面板数据，估计了 IMF 向外借款对增值税使用的影响，然而，其并未从空间维度进行考量。

此，这些邻国效应不仅只存在于可观测结果之中，在其他不可观测因素中同样存在，从而将对误差项产生影响。考虑到观测值中的空间相关性以及其他不可观测因素的存在已经违背了传统（非空间的）估计方法的原始假设，或许无法从这些估计方法中得到正确的研究结论；此外，标准空间生存模型通常假设空间相关性仅存在于不可观测误差中，而这些误差不但没有真实存在，且无法对空间相关性的研究提供额外帮助（Li and Ryan，2002；Bastos and Gamerman，2006）。

因此，本章的目的在于构建一个新的空间生存模型，通过一个可观测的空间滞后项，对空间效应进行明确刻画，并使用这一模型探究邻国效应对增值税实施产生的影响。为此，本章提出了一个新的空间生存模型，讨论模型估计，并应用该模型对增值税使用情况的唯一统计数据集中 1970 ~ 2009 年的情况（样本包含 99 个国家的数据，其中 80 个国家采用了增值税）进行研究。为了考量空间依赖性，我们的模型涵盖了三个与位置相关的成分：（1）通过设置具备地区特殊性的基准风险函数而存在于基准风险中的空间依赖性；（2）通过空间滞后项而存在的跨观测值的空间依赖性；（3）出现在误差项中的空间依赖性，其中，误差项是基于距离的方差协方差矩阵结构。尽管前两个空间效应在久期模型的应用中不曾出现过，但最后一个空间效应则经常在文章中被使用。

关于生存分析的学术研究不胜枚举，通常是对特定事件发生之前的那段时间进行探讨。比例风险模型的先驱之作是考克斯（Cox，1972）基于风险比率呈一定比例的假设前提做出的研究。由于这一假设在具体实践中显得过于严格，为此，不少学者构建了能够解释随时间变化的协变量以及不可观测的异质性的相关模型。这些不可观测的异质性通常用称为"frailties"的随机效应方法进行刻画；这一异质性及异质性模型（frailty model）的概念由沃佩尔等（Vaupel et al.，1979）首先提出。

空间异质性模型的提出，意在解决空间数据中存在的不可观测效应的依赖性，其中，与特定数据层或数据群集相对应的异质性已进行了空间整理（如临床基地或地理区域）。空间异质性模型可以是地理统计学意义上的模型，其中明确使用了数据层的地理位置信息，也可以是格（lattice）模型，其中仅仅使用了各数据层相对于其他数据层的相对位置信息（Lee，

2002)。在格模型方法中，如条件自回归模型等［贝萨格（Besag，1974）首先提出，卡林和班纳吉（Carlin and Banerjee，2003）对其作了后续研究］被广泛运用。这类模型研究离散的区域，其中，所研究的空间信息是基于接壤的区域而非距离矩阵。

本章所提出的模型包含了一个从空间上进行赋权的因变量，这一因变量的权重取决于时间，且与久期高度相关；同样地，由于空间异质性在横截面数据之间存在相关性，故因变量与这些空间异质性之间亦高度相关。在对该模型进行估计时，本章同样使用了在各文献中常被用于处理地理统计久期模型和协变量随时间变化的久期模型的贝叶斯分析方法，因此，本章主要研究参数将采用如亨明和肖（Hemming and Shaw，2002）在研究动态生存模型过程中所运用的马尔科夫链蒙特卡洛（MCMC）技术进行估计。特别地，巴斯托斯和加梅尔曼（Bastos and Gamerman，2006）曾搭建了一个包含空间效应的动态生存模型，我们将遵循他们所采用的 MCMC 估计方法进行分析；然而，本章研究方法与之主要区别在于，巴斯托斯和加梅尔曼（2006）的模型允许生存函数中的系数随时间而变，而我们的模型则假设系数均为常数，但在模型中加入了因变量的空间滞后项以及依赖空间位置的基准风险。

最后，本章将提出的模型和估计方法应用到增值税数据上，结果表明，各个邻国之间对增值税的实施决定存在显著的空间相关性，且在各种模型设定下估计值都相当稳健。

4.2 空间久期模型

在这部分，我们将介绍空间久期模型，并对估计过程进行描述，包括参数的先验分布如何选择、后续推论，以及计算过程。

4.2.1 模型设定

考虑一组包含 $i(=1,\cdots,N)$ 个个体、期限为 $t(=1,\cdots,T)$ 共 T 年的面

板数据，令 $X_{i,t-a}$ 代表一个 k 维向量，反映个体 i 在第 $t-a$ 期、依赖于久期的协变量，其中，k 是 $X_{i,t-a}$ 中变量个数，且 $a \geq 0$ 是一个合适的滞后阶数；剩下一个与久期不相关的协变量矩阵用 Z_i 表示。此外，令 $y_{i,t-b}$ 代表事件（生存）虚拟变量，若对个体 i 而言，在 $t-b$ 期或在此之前的时期中所分析的事件（如颁布增值税）发生，则 $y_{i,t-b}=1$，否则为 0；$b \geq 0$ 在此同样表示合适的滞后阶数，因此，可以将 $y_{i,t-b}$ 定义为指示函数形式 $1\{t_i \leq t-b\}$，显而易见，$y_{i,t-b}$ 与久期之间存在相关性。此外，由于商讨是否采用增值税、议会决定颁布增值税、增值税的最终实施之间存在时滞，本章在滞后阶数 a 和 b 的选取上将根据具体数据决定，使用参数 a 和 b 来反映增值税从商讨到颁布间的时滞，但在别的应用情况下 a 和 b 的取值可以为 0。因此，如果 $a > 0$ 或 $b > 0$ 则仅考察 $t = \max\{a, b\} + 1, \cdots, T$。

本章所提出的空间久期模型的比例风险函数如下：

$$\lambda_i(t) = \lambda_0(t, s_i) \exp[X_{i,t-a}^T \beta + Z_i^T \gamma + \rho W_i y_{\cdot,t-b} + U_i(s_i)] \tag{4.1}$$

其中，$\lambda_0(t, s_i)$ 是个体 i 基于久期 t 和空间位置 s_i 的基准风险比率。与标准比例风险模型（Cox，1972）中的设定一致，风险比率取决于协变量的参数 β 和 γ。本模型在空间维度上的拓展包括三个要素：第一，基准风险 $\lambda_0(t, s_i)$ 中可以包含反映位置的变量 s_i；第二，空间交互项 $\rho W_i y_{\cdot,t-b}$ 由参数 ρ 和事件发生虚拟变量的空间滞后值 $W_i y_{\cdot,t-b}$ 构成，其中 W_i 指空间权重矩阵 W_N（后文将具体谈及其定义并讨论）中的第 i 行，而 $y_{\cdot,t-b} = (y_{1,t-b}, \cdots, y_{N,t-b})^T$；第三，空间异质性 $U_i(s_i)$ 服从一个二阶稳定的零均值过程，即 $E[U_i(s_i)] = 0, Var[U_i(s_i)] = \sigma^2$，且对所有 $i \neq j$，有 $Cov[U_i(s_i), U_j(s_j)] = \sigma^2 \varphi(s_i, s_j; \phi)$，其中，$\varphi(s_i, s_j; \phi)$ 是一个有效的二维相关性函数，ϕ 为该函数的控制参数，而 σ^2 代表异质性的方差。上述设定代表了地理统计学模型上用于获取在一系列空间位置固定的 s_i 之下，观测值之间的空间联系的传统方法。

我们的模型对于多数常见模型同样适用。（1）若 $\lambda_0(t, s_i) = \lambda_0(t)$ 且 $\gamma = \rho = U_i = 0$，则考克斯（Cox，1972）模型可涵盖在本章模型之中；（2）若 $\lambda_0(t, s_i) = \lambda_0(t)$ 且 $\gamma = \rho = \varphi = 0$，则从本章的模型中还可衍生出异质性模型（Clayton，1978）；（3）若 $\gamma = \rho = \varphi = 0$，存在组间差异的基准风险的异质性模型（Carlin and Hodges，1999）同样包含在本章模型之中；（4）若

$\lambda_0(t, s_i) = \lambda_0(t)$ 且 $\gamma = \rho = 0$，则空间异质性模型 (Carlin and Banerjee, 2003) 亦可从本章模型中获得。

前面提及的空间权重矩阵[①] W_N 描述了是哪一个体 i 将影响模型的风险比率，故本章将对其进行详细阐述。通常而言，文章中假设 W_N 是行标准化的 (row-normalized)，因此式 (4.1) 中的 W_i 所包含的权重加总后等于 1；在增值税例子的应用中，我们最初使用的是邻接矩阵 (contiguity matrix)，该矩阵仅反映了两个国家是否在地理上接壤。W_N 矩阵中的元素（横向正态化之后）有：对于所有 $i \neq j$，存在 $w_{ij} = b_{ij} / \sum_{i=1}^{N} b_{ij}$；而对于 $i = j$，则有 $w_{ij} = 0$，其中 b_{ij} 为边界虚拟变量，当 i 国家和 j 国家共用一个国界时，$b_{ij} = 1$，否则为 0。其他可能性包括空间权重矩阵中的元素均与两个最大国家之间的距离的平方值，或是与这两个国家的交易量等指标成反比。

最后，由于基准风险函数 $\lambda_0(t, s_i)$ 仅被设定为关于时间和位置的一般函数，故我们还将对其作具体讨论。尽管这个一般方程还需要一些额外的正式假定以使其可估计，但考虑到本章使用数据较少、估计过程简单等特点，我们将主要关注一维或二维的格的分段恒定基准风险函数，因此，并不需要对基准风险函数作出额外假定。此外，在大量数据集中，如果随着数据量增大，格的大小收敛至 0，则这一分段恒定方法可以作为基准风险函数的非参估计量对其进行估计。

我们假设基准风险函数只与时间相关，$\lambda_0(t, s_i) = \lambda_0(t)$，则按照加梅尔曼 (1991) 的方式，可将时间跨度划分为如下分段区间：

$$I_j = \begin{cases} (\alpha_0, \alpha_1], & j = 1 \\ (\alpha_{j-1}, \alpha_j], & j = 2, \cdots, J-1 \\ (\alpha_{J-1}, \alpha_J), & j = J \end{cases}$$

其中，$\alpha_0 = \max\{a, b\} < \alpha_1 < \cdots < \alpha_J = +\infty$（当所有数据都可观测时，$\max\{a, b\}$ 将是本章研究中的时间起点）。则基准风险利率如下所示：

---

① 空间权重矩阵通常用于刻画空间相关关系结构，而前人的文章中多将其假设为外生的，以避免模型估计过程中的技术复杂性等问题。近年来，瞿和李 (2015) 提出了空间权重矩阵内生的线性空间自回归模型的几种估计方法，然而，在非线性空间模型中，使用内生的空间权重矩阵将对模型的估计产生更大困扰（如本章所研究的模型）。因此，这仍是一个开放性问题，值得未来的文章对其进行后续研究。

$$\lambda_0(t) = \lambda_j, \ \text{当} \ t \in I_j \tag{4.2}$$

其中，对于 $j = 1, \cdots, J$，有 $\lambda_j > 0$。式（4.2）的拓展允许基准风险利率在不同地区可以存在差别，但在每个地区之内需保持恒定（假定一组邻国所处位置为一个地区；如当研究个体均为国家时，一块大陆可以被认为是一个地区）。更具体地来说，如果久期 $t \in I_j$，则地区 $r = 1, \cdots, R$ 的基准风险比率表示为 $\lambda_{j,r}$，且对于所有的 r 和 j，有 $\lambda_{j,r} > 0$。若将 R_{ir} 定义为代表地区的虚拟变量，当个体（国家）i 处于地区 r 中时，则 $R_{ir} = 1$，否则为 0。则可将基准风险定义为如下形式：

$$\lambda_0(t, s_i) = \sum_{j=1}^{J} \sum_{r=1}^{R} \lambda_{j,r} \cdot 1\{t \in I_j\} R_{ir} \tag{4.3}$$

4.2.2 似然函数

考虑一组样本规模为 N 的生存样本，$D = \{t_i, \delta_i, s_i, X_{i1}, \cdots, X_{i,t_i}, Z_i, y_{i,1}, \cdots, y_{i,t_i}\}_{i=1}^N$，其中，$t_i$ 表示久期（如距离增值税颁布的时长），δ_i 为右归并指示变量，即 $\delta_i = 1\{"不存在归并"\}$；不失一般性，$t_i > \alpha_0 = \max\{a, b\}$。本章使用样本对模型中的参数进行估计，具体为模型（4.1）：参数向量 $\theta = [\ln\lambda_0^T, \beta^T, \gamma^T, \rho]^T$，其中，JR 参数的值 $\lambda_0 = \{\lambda_{j,r}: j = 1, \cdots, J; r = 1, \cdots, R\}$ 确定了唯一的基准风险函数，见方程（4.3）。由于方程（4.1）的估计结果取决于极大似然估计，因此我们需要首先对似然函数进行构建。

令 T 表示不存在归并的（随机）久期，而 $F(t|I_{i,t}, \theta)$ 和 $f(t|I_{i,t}, \theta)$ 分别代表 T 的条件分布函数和条件密度函数，其中，信息集 $I_{i,t} = [s_i, X_{i1}, \cdots, X_{i,t-a}, Z_i, y_{\cdot,t-b}, U_i(s_i)]$ 表示在 t 时刻之前可以观测到的所有信息。对于右归并的观测值而言，我们仅知道其久期超过时间 t，综上，完整的累积分布函数为：

$$S(t|I_{i,t}, \theta) = P(T > t|I_{i,t}, \theta) = \int_t^{\infty} f(v|I_{i,t}, \theta) dv = 1 - F(t|I_{i,t}, \theta) \tag{4.4}$$

其中，$S(\cdot)$ 表示生存函数。因此，第 i 个观测值的似然函数可以写为：

$$f(t_i|I_{i,t}, \theta)^{\delta_i} S(t_i|I_{i,t}, \theta)^{1-\delta_i}$$

其中，δ_i 为右归并指示变量。因此，条件似然函数等于：

$$L(\theta) = \prod_{i=1}^{N} f(t_i \mid I_{i,t}, \theta)^{\delta_i} S(t_i \mid I_{i,t}, \theta)^{1-\delta_i} \qquad (4.5)$$

现在，我们来推导似然函数。为了简便起见，我们将依赖于时间（随时间而变）的成分定义为 $V_{i,t}(\theta) = X_{i,t-a}^T \beta + \rho W_i \cdot \gamma_{\cdot,t-b}$，而与时间无关（不随时间而变）的成分被定义为 $C_i(\theta) = Z_i^T \gamma + U_i(s_i)$。通常而言，风险函数为 $\Lambda = -\ln S$，风险比率为 $\lambda = \Lambda'$，密度函数为 $f = S'$，故有 $\ln f = \ln[\lambda S] = \ln \lambda + \ln S$，且条件似然函数可写成如下形式：

$$
\begin{aligned}
L(\theta) &= \exp\left\{ \sum_{i=1}^{N} \left[\delta_i \ln \lambda(t_i \mid I_{i,t}, \theta) + \ln S(t_i \mid I_{i,t}, \theta) \right] \right\} \\
&= \exp\left\{ \sum_{i=1}^{N} \left[\delta_i \left[\ln \lambda_0(t_i, s_i) + C_i(\theta) + V_{i,t_i}(\theta) \right] \right. \right. \\
&\qquad \left. \left. - \exp[C_i(\theta)] \int_{\alpha_o}^{t_i} \lambda_0(v_i, s_i) \exp[V_{i,v_i}(\theta)] dv_i \right] \right\} \qquad (4.6)
\end{aligned}
$$

与古普塔（Gupta, 1991）的设定一致，我们假设所有协变量在子时间区间内保持不变，即 $V_{i,t}(\theta)$ 在久期区间 t 至 $t+1$ 之间保持不变，而后在 $t+1$ 时期跳至 $V_{i,t+1}(\theta)$。因此，式（4.6）中的积分可以写为：

$$\int_{\alpha_o}^{t_i} \lambda_0(v_i, s_i) \exp[V_{i,v_i}(\theta)] dv_i = \sum_{v_i = \alpha_0}^{t_i} \lambda_0(v_i, s_i) \exp[V_{i,v_i}(\theta)] \qquad (4.7)$$

对于式（4.3）中的分段恒定的基准风险方程，其条件似然函数最终可以重新写为如下形式：

$$
\begin{aligned}
L(\theta) &= \exp\left\{ \sum_{i=1}^{N} \left[\delta_i \left(\sum_{r=1}^{R} \sum_{j=1}^{J} \left[1\{t_i \in I_j\} R_{ir} \ln \lambda_{j,r} \right] + C_i(\theta) + V_{i,t_i}(\theta) \right) \right. \right. \\
&\qquad \left. \left. - \exp[C_i(\theta)] \sum_{r=1}^{R} \sum_{j=1}^{J} \left[1\{t_i \in I_j\} R_{ir} D_{j,r}(t_i, \theta) \right] \right] \right\} \qquad (4.8)
\end{aligned}
$$

其中，

$$D_{j,r}(t_i, \theta) =$$

$$
\begin{cases}
\displaystyle\sum_{v_i = \alpha_0}^{t_i} \left[\lambda_{1,r} \exp(V_{i,v_i}(\theta)) \right], & t_i \in I_1 \\[3ex]
\displaystyle\sum_{k=1}^{j-1} \sum_{v_i = \alpha_{k-1}}^{\alpha_k} \left[\lambda_{k,r} \exp(V_{i,v_i}(\theta)) \right] + \sum_{v_i = \alpha_{j-1}}^{t_i} \left[\lambda_{j,r} \exp(V_{i,v_i}(\theta)) \right], & t_i \in I_j, j = 2, \cdots, J
\end{cases}
$$

由于存在不可观测的异质性，我们无法从本节所讨论的似然函数中获得一个封闭解；且考虑到不可观测异质性的存在以及计算海塞矩阵的过程过于复杂，进而导致难以对积分进行求解，故我们无法使用标准的极大似然方法对模型作出估计。因此，在空间生存模型的分析中，使用结合MCMC方法的贝叶斯估计①可以从后验样本中近似计算出参数的后验分布结果（Hemming and Shaw, 2002；Bastos and Gamerman, 2006）。对于这一分析，参数的先验分布将在第4.2.3节中进行具体说明；而使用MCMC方法对参数的后验分布进行近似估计的过程将在第4.2.4节中作详细描述。

4.2.3　先验分布

式（4.1）包含了两组参数：回归系数 θ 和空间异质性 U。我们现在将对这两组参数的先验分布作出设定，假定它们之间是条件独立的。令这两组先验分布的参数，即所谓的超参数（hyperparameters）分别为 Ψ_θ 和 Ψ_U，则超参数的完整集合可写为 $\Psi = (\Psi_\theta, \Psi_U)$，并假设其与回归参数及空间异质性的先验分布相互独立。因此，整个先验分布满足：

$$p(\theta, U, \Psi) = p(\theta | \Psi_\theta) p(U | \Psi_U) p(\Psi)$$

我们将 θ 的先验密度定义为多变量正态先验分布，因此，其均值 $b_\theta \in \mathbb{R}^m (m = J + k + l + 1)$ 和这些参数的正定方差矩阵 $T_\theta \in \mathbb{R}^m \times \mathbb{R}^m$ 将会在后面进行具体刻画。由于 $\Psi_\theta = (b_\theta, T_\theta)$，先验的设定可写为如下形式：

$$\theta \sim N(b_\theta, T_\theta) \Leftrightarrow p(\theta | \Psi_\theta) \propto \exp\left\{ -(1/2)(\theta - b_\theta)^T T_\theta^{-1}(\theta - b_\theta) \right\} \quad (4.9)$$

关于空间异质性，当考虑变量间的空间相关性时，有很多种构建地理相关性模型的可能方法（Li and Ryan, 2002），并且就一些参数的开集而言，其方差—协方差矩阵为正定矩阵的条件亦可得到满足（Ripley, 1981）。巴斯托斯和加梅尔曼（2006）认为高斯过程（Gaussian process）方法具备很强的灵活性，可以适用于各种不同形式的空间相关性问题，并且通过相关

①　本章同样可以使用模拟极大似然估计法（Gourieroux and Monfort, 1997）进行估计。

性函数可以简单直接地对其进行使用；此外，这一方法在处理连续分布的地理位置或是离散地区的数据上都十分简便。

在本章的空间久期研究中，我们使用与第 4.2 节中所讨论的指数形式一致，构建了所谓指数相关性函数 $\varphi(s_i, s_j; \phi) = \exp(-\|s_i - s_j\|/\phi)$，其中，$\|s_i - s_j\|$ 表示个体 i 和 j 所处位置之间的距离。因此，空间异质性的联合密度表示如下：

$$P(U \mid \Psi_U) = p(U \mid \sigma^2, \phi) \propto (\sigma^2)^{-n/2} |H(\phi)|^{-1/2} \exp\left[-\frac{1}{2\sigma^2} U^T H^{-1}(\phi) U\right]$$

其中，对任意的 $i, j = 1, \cdots, N$，有 $H(\phi)_{ij} = \varphi(s_i, s_j; \varphi) = \exp(-\|s_i - s_j\|/\phi)$。根据巴斯托斯和加梅尔曼（2006）所述，我们将超参数 σ^2 的先验分布假定为服从逆伽马分布（inverse Gamma，IG），而超参数 ϕ 的先验分布则假定为服从伽马分布 $G(a_\phi, b_\phi)$。

4.2.4　后验推断及计算过程

根据贝叶斯理论，通过将似然函数与先验分布相结合，可以获得后验分布情况。例如，在第 4.2 节中，在可观测数据的条件之上，式（4.8）的后验密度函数为：

$$
\begin{aligned}
p(\theta, U, \Psi \mid D) \propto \exp\Bigg\{ &\sum_{i=1}^{N} \Bigg[\delta_i \Big(\sum_{r=1}^{R} \sum_{j=1}^{J} \big[1\{t_i \in I_j\} R_{ir} \ln\lambda_{j,r} \big] + C_i(\theta) + V_{i,t_i}(\theta) \Big) \\
&- \exp[C_i(\theta)] \sum_{r=1}^{R} \sum_{j=1}^{J} \big[1\{t_i \in I_j\} R_{ir} D_{j,r}(t_i, \theta) \big] \Bigg] \Bigg\} \\
&\times \exp\Big\{ -\frac{1}{2} (\theta - b_\theta)^T T_\theta^{-1} (\theta - b_\theta) \Big\} \\
&\times (\sigma^2)^{-n/2} |H(\phi)|^{-1/2} \exp\Big\{ -\frac{1}{2\sigma^2} U^T H^{-1}(\phi) U \Big\} \\
&\times (\sigma^2)^{-\frac{a\sigma}{2}-1} \exp\Big(-\frac{b_\sigma}{2\sigma^2} \Big) \phi^{a_\phi - 1} \exp(-b_\phi \phi)
\end{aligned}
$$

（Bastos and Gamerman，2006）。

上述后验分布无法计算出解析解，因此，在这一部分将运用 MCMC 方法对后验样本进行近似估计。由于完整条件分布为不可知，对其进行

Gibbs 抽样（Geman and Geman，1984）显得尤为困难。与巴斯托斯和加梅尔曼（2006）使用的方法相类似，我们将采用随机游走的 Metropolis-Hastings 算法，这将从参数的联合后验分布中生成一组抽样结果（Metropolis et al.，1953；Hastings，1970）。这一过程可以用于构建最优分布，且可用其从任意分布中获取样本；获得样本后，便可进行后续的统计推断分析。本章所使用的抽样算法与巴斯托斯和加梅尔曼（2006）的算法相同，其中，本章对参数 σ^2 采用 Gibbs 抽样方法，对其他参数则使用含随机游走的 Metropolis-Hastings 算法。在适当的时候，可以直接从条件后验分布中提取出样本；另外，本章的随机游走设定使可接受度在 20% ~ 70% 之间，关于完整条件分布的细节如下所示。

1. 系数 θ 与空间异质性 U

系数 θ 与异质性 U 的值从本章提出的随机过程模型中生成，其中，θ 和 U 服从下属分布：

$$\theta_{(prop)} \sim N(\theta_{(pre)}, V_\theta)$$
$$U_{(prop)} \sim N(U_{(pre)}, V_U \sigma^2 H(\phi))$$

其中，$(prop)$ 表示给定的假设值；(pre) 表示先前值；而 V_θ 和 V_U 为用于控制接受度的协调参数。

2. θ 和 U 的接受概率

$$\alpha_\theta = \min\left\{1, \frac{p[\theta_{(prop)} | \cdots]}{p[\theta_{(pre)} | \cdots]}\right\}$$

$$\alpha_U = \min\left\{1, \frac{p[U_{(prop)} | \cdots]}{p[U_{(pre)} | \cdots]}\right\}$$

回顾前面所提到的条件似然函数：

$$L(\theta, U) = \exp\left\{\sum_{i=1}^{N}\left[\delta_i\left(\sum_{r=1}^{R}\sum_{j=1}^{J}\left[1\{t_i \in I_j\}R_{ir}\ln\lambda_{j,r}\right] + C_i(\theta) + V_{i,t_i}(\theta)\right)\right.\right.$$
$$\left.\left. - \exp\left[C_i(\theta)\right]\sum_{r=1}^{R}\sum_{j=1}^{J}\left[1\{t_i \in I_j\}R_{ir}D_{j,r}(t_i, \theta)\right]\right]\right\}$$

因此，θ 和 U 的完整条件分布为：

$$p(\theta \mid \cdots) \propto L(\theta, U) \times \exp\left\{ -\frac{1}{2}(\theta - b_\theta)^T T_\theta^{-1}(\theta - b_\theta) \right\}$$

$$p(U \mid \cdots) \propto L(\theta, U) \times (\sigma^2)^{-n/2} |H(\phi)|^{-1/2} \exp\left\{ -\frac{1}{2\sigma^2} U^T H^{-1}(\phi) U \right\}$$

3. 异质性 σ^2 的方差

它的完整条件分布是参数为 $\left(\dfrac{a_\sigma^*}{2}, \dfrac{b_\sigma^*}{2} \right)$ 的逆伽马分布，其中：

$$a_\sigma^* = a_\sigma + n$$
$$b_\sigma^* = b_\sigma + U^T H^{-1} U$$

4. 相关系数 φ

在简单抽样下，无法获取这一系数的完整条件分布。其数值将从半正态分布中产生（Bastos and Gamerman，2006）。

$$\phi_{(prop)} \sim N(\phi_{(pre)}, V_\phi) \cdot 1(0, \infty)$$

密度函数为：

$$p(\phi_{(prop)} \mid \phi_{(pre)}, V_\phi) = (2\pi V_\phi)^{-\frac{1}{2}} \exp\left\{ -\frac{1}{2} \frac{(\phi_{(prop)} - \phi_{(pre)})^2}{V_\phi} \right\} \frac{1}{1 - \Phi(-\phi_{(pre)}/\sqrt{V_\phi})}$$

其中，V_ϕ 为控制接受度的协调系数。

其接受概率为：

$$\alpha_\phi = \min\left\{ 1, \frac{p[\phi_{(prop)} \mid \cdots][1 - \Phi(-\phi_{(prop)}/\sqrt{V_\phi})]}{p[\phi_{(pre)} \mid \cdots][1 - \Phi(-\phi_{(pre)}/\sqrt{V_\phi})]} \right\}$$

其中，$\Phi(\cdot)$ 为标准正态分布。则 ϕ 的完整条件分布为：

$$p(\phi \mid \cdots) \propto \phi^{a_\phi - 1} \exp(-b_\phi \phi) |H(\phi)|^{-1/2} \exp\left\{ -\frac{1}{2\sigma^2} U^T H^{-1}(\phi) U \right\}$$

要想实现高效的 Metropolis-Hastings 抽样，关键点在于找到一个好的参数分布，其中提出的分布应与参数的实际后验分布相似。大样本理论表明，参数的后验分布将逐渐趋近于多变量正态分布，因此，在实践中将分布假设为正态分布的做法通常得以奏效（Gelman et al.，2004），而本章亦是采用这一做法。

4.3 增值税实施实证研究

本节将对数据进行描述，介绍 MCMC 算法的建立以及实证估计的结果。

4.3.1 增值税数据

我们将采用第 4.2 节所介绍的方法对增值税的采纳情况进行分析。本章使用的样本为涵盖了 131 个国家 1970 ~ 2009 年对增值税的采纳情况的非平衡面板数据；增值税实施情况的数据来源于 IMF 财政事务部（IMF's Fiscal Affairs Department）、国际财政文献局的税收新闻服务中心（Tax News Service of the IBFD）及其他数据库，而基准情况中的有效样本数量仅有 99 个国家（见表 4 - 1 至表 4 - 3），接下来也将具体讨论未被纳入估计范畴的国家的情况。需要注意的是，这里所述的"被排除国家"指的是在进行极大似然估计时未将其纳入估计范围：通过使用这 99 个国家的空间滞后变量，可将各国的增值税信息纳入风险比率的估计之中。因此，将一些国家剔除并不会影响空间相关性结构。我们同样使用这一做法对在 1970 年之前就采用增值税的国家进行剔除，故其风险比率在此将不作刻画，具体包括的国家有：科特迪瓦（1960 年）、巴西（1967 年）、丹麦（1967 年）、法国（1968 年）、乌拉圭（1968 年）、德国（1968 年）、荷兰（1969 年）和瑞典（1969 年）。[1]

---

① 根据舒普（Shoup，1973）的研究，第一例消费类型的增值税（consumption-type VAT）于 1967 年 1 月在巴西首先使用。法国在 1948 年使用生产类型的增值税（manufacturing-type VAT），随后在 1954 年将其拓展至覆盖零售行业。本章仅考虑消费类型的增值税情况。

表 4 - 1　　　　　　　　　　　样本中所含国家

阿富汗	加纳	阿曼
阿尔及利亚	希腊	巴基斯坦
阿根廷	格林纳达	巴拿马
澳大利亚	危地马拉	巴布亚新几内亚
奥地利	几内亚	巴拉圭
巴哈马	洪都拉斯	秘鲁
巴林	冰岛	菲律宾
孟加拉国	埃及	卢旺达
巴巴多斯	印度尼西亚	塞内加尔
贝宁	伊朗	塞舌尔
不丹	爱尔兰	南非
玻利维亚	意大利	西班牙
博兹瓦纳	牙买加	斯里兰卡
布基纳法索	日本	圣基茨和尼维斯
柬埔寨	约旦	圣文森特和格林纳丁斯
喀麦隆	肯尼亚	苏丹
加拿大	韩国	斯威士兰
佛得角共和国	科威特	瑞士
中非共和国	黎巴嫩	叙利亚
智利	莱索托	泰国
中国	马达加斯加	多哥
哥伦比亚	马来西亚	特立尼达和多巴哥
刚果（民主共和国）	马尔代夫	突尼斯
刚果（共和国）	马里	土耳其
哥斯达黎加	毛里求斯	乌干达
塞浦路斯	墨西哥	阿拉伯联合酋长国
多米尼加	蒙古	英国
埃及	摩洛哥	美国
萨尔瓦多	纳米比亚	瓦努阿图
埃塞俄比亚	尼泊尔	委内瑞拉
斐济	新西兰	越南
芬兰	尼加拉瓜	赞比亚
冈比亚	尼日尔	津巴布韦

注：样本基于上述 99 个国家数据。前苏联国家（如亚美尼亚、阿塞拜疆、白俄罗斯、爱沙尼亚、格鲁吉亚、哈萨克斯坦、吉尔吉斯斯坦、拉脱维亚、立陶宛、摩尔多瓦、俄罗斯、塔吉克斯坦和乌克兰）以及东欧和巴尔干地区（如阿尔巴尼亚、波斯尼亚和黑塞哥维那、保加利亚、克罗地亚、捷克、匈牙利、波兰、罗马尼亚、斯洛伐克、斯洛文尼亚）从样本中剔除。

表 4 – 2   描述性统计

变量	观测值个数	缺失值个数	缺失频率	均值	标准差	最小值	最大值
DUR	80	0	0	20. 525	9. 0442	2	34
YPC	3960	0	0	8. 2594	1. 2855	4. 7673	10. 9389
OPEN	3636	324	8. 2	71. 3421	40. 3039	5. 3100	375. 38
AGR	3375	585	14. 8	18. 7516	14. 4451	0. 15	74. 2700
POPD	3816	144	3. 6	107. 1059	149. 8552	0. 8100	988. 37
WAR	3960	0	0	0. 1917	0. 3937	0	1
IMF	3960	0	0	0. 0937	0. 2914	0	1
REV	2080	1880	47. 5	23. 3152	10. 9685	0	72
FED	3960	0	0	0. 1591	0. 3658	0	1
MECA	3960	0	0	0. 1515	0. 3586	0	1
EU	3960	0	0	0. 1111	0. 3143	0	1
WH	3960	0	0	0. 2424	0. 4286	0	1
AP	3960	0	0	0. 2121	0. 4089	0	1
AF	3960	0	0	0. 2828	0. 4504	0	1

表 4 – 3   数据描述及来源

变量	定义	来源
$DUR(t)$	在增值税采用之前经历的时间（从 1970 年起始）	埃布里等（2001）、IMF 财政事务部（税制分支）的内部数据库，以及 IBFD 的税收新闻服务中心
YPC	对数后的按购买力平价计算的人均 GDP（以 2005 年的每千美元计）	世界银行（2011），世界发展数据库（WDI）
OPEN	GDP 中进出口占比之和	世界银行（2011），WDI
AGR	GDP 中的农业占比	世界银行（2011），WDI
POP	人口总额（百万人）	世界银行（2011），WDI
WAR	虚拟变量，若在 t 时期国家受到武装冲突则为 1；否则为 0	内战综合研究（CSCW），2009 年报，http: //www. prio. no/CSCW
IMF	虚拟变量，如果国家接受 IMF 的备用贷款安排（SBA）、扩展融资工具（EFF）或减贫与增长便利（PRGF）则为 1；否则为 0	德勒埃（Dreher, 2006）

续表

变量	定义	来源
REV	GDP 中一般政府收入（包括拨款）的占比，1975~2007 年	IMF，该序列取自 "Government Finance Statistics, IMF Staff Reports, IMF Selected Issues Paper"
FED	虚拟变量，如果国家采用联邦结构则为 1；否则为 0	特瑞斯曼（Treisman，2008）
MECA,EU WH,AP,AF	分别代表中东及中亚地区、欧洲、西半球、亚太地区、非洲的地域虚拟变量	
δ	虚拟变量，若数据出现归并则为 1；否则为 0	作者计算
y_t	虚拟变量，若国家在第 t 年采用增值税则为 1；否则为 0	作者计算
w_{ij}	对任意 $i \neq j$ 有 $w_{ij} = b_{ij} / \sum_{i=1}^{N} b_{ij}$，若 $i = j$ 则 $w_{ij} = 0$，其中，b_{ij} 为边界虚拟变量，若 i 国和 j 国共用一个边界则为 1；否则为 0	作者计算

在全样本中，我们排除了前苏联国家和东欧的国家，因为这些国家在决定采用增值税之时往往伴随着许多重大的结构制改革，包括公共部门的规模缩减等，因而可能产生公共收入与增值税采纳之间的负相关关系。此外，在 1992 年之前这些国家尚未成立，除了部分人为搭建的数据之外并无真实可靠的数据来源，因此，子样本中包含 108 个国家。在将完全缺失控制变量数据的国家剔除之后，我们最终得到的数据集为一个覆盖 99 个国家的非平衡面板数据。

对于采纳了增值税的国家而言，其在采用该税种之前经历的平均时长为 20.5 年，更多的细节信息见表 4-4。增值税被决定采用后，其进程出现停滞，意味着在增值税立法过程中存在着长时间的时滞，仅有两个国家（伯利兹和马耳他）最终撤销了增值税的使用并因此从样本中删除。此外，图 4-1 展示了表 4-4 所列的五个不同地区久期时间的卡普兰－迈耶（Kaplan-Meier）估计量，可以看出中东地区的生存比例在各地区之中最高（见图形右侧曲线）；除此，还可以发现，不同时间段内的增值税采纳速度不一致，因此，在式（4.2）和式（4.3）中，我们将讨论以下四个区间，其中，在每个区间内生存比例都大体一致，但不同区间之间则如图 4-1 显示的那般差异较大：1970～1989 年、1990～1999 年、2000～2009 年及 2009 年以后（归并）。由于这个区间的分段方式较为粗糙，我们曾经试图将时间划分为更小的区间以做出更好的分格（将在第 4.3.5 节中进行讨论），但解释变量对风险比率的影响并未发生改变。

表 4-4　　　　　　　　各时期各地区增值税采纳情况

时期	中东及中亚地区	欧洲	西半球	亚太地区	非洲	总计
总计	8	11	19	17	25	80
2000～2009 年	3	0	0	1	9	13
1995～1999 年	0	1	1	7	8	17
1990～1994 年	3	3	6	4	6	22
1985～1989 年	2	4	0	4	1	11
1980～1984 年	0	0	3	0	1	4
1975～1979 年	0	0	7	1	0	8
1970～1974 年	0	3	2	0	0	5

注：表中数字代表在每个时间段内新采用增值税的国家数量。

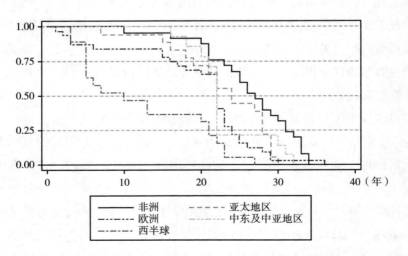

图 4-1　五个地区的 Kaplan-Meier 生存估计量

4.3.2　协变量

在本章所使用的解释变量方面，一个国家从计划推行增值税到真正实施之间通常存在时滞，增值税推行从最初的准备阶段到议会通过相关法律之间大约间隔 18 个月（Ebrill et al.，2001），因此，我们对协变量采取滞后两年进行分析，并将第 4.2 节中介绍的参数 a 和 b 的值设置为等于 2。

式（4.1）的右侧包含了多组协变量，除非特殊说明，否则所有变量都认为是与时间相关的变量。第一组变量由宏观经济指标构成，变量 YPC 代表取对数后的按购买力平价计算的人均 GDP。由于西欧国家在早期便采取增值税的做法，我们可以预测富有的国家更愿意采用增值税，从而反映出其税务管理体系更为成熟复杂。本章用进出口在 GDP 中占比之和来衡量国家的开放程度（$OPEN$），开放程度越高，越倾向于对增值税的采纳带来正向影响。直观上而言，一个国家平均有 55% 的增值税总收入来源于边境交易（Ebrill et al.，2001），为开放性国家减轻了征税负担。使用 GDP 中的农业占比（AGR）变量发现，如果一个国家有大量的非正式部门，则其采纳增值税的可能性将减少。此外，我们还用人口数量（POP）衡量国家规模，考虑到人口大国的国际贸易情况（Ebrill et al.，2001），可以预测，国家规模将对增值税的使用造成负面影响。出现这一现象的原因在于，国际贸易将促进增值税的征收，因而国际贸易在小国中的地位日益显著（尤其是小型岛国）；因此，国家规模与一国之中国际贸易的重要程度之间存在很强的负相关关系（Alesina and Wacziarg，1998）。最后，用总收入 - GDP 比率（total revenue-to-GDP ratio）衡量收入情况（REV），而这一变量同样将对增值税的采纳带来负面影响。为了提高公共收入，收入比率低的国家将倾向于采用增值税：正如基恩和洛克伍德（2006）所述，增值税是一棵"摇钱树"，因为其在提高收入能力上比其他消费税都更加有效。本章使用的所有宏观变量数据均来源于世界银行的世界发展数据库（World Development Indicators）。

第二组变量由机构的变量组成。我们使用一个代表联邦国家的虚拟变量以反映联邦体系内部出现的特殊挑战，其中，数据来源于特瑞斯曼

（2008）。基恩和洛克伍德（2010）认为联邦体系或许不太倾向于采用增值税，因为它们对销售税享有广泛的权力，若采用增值税则不易协调各管辖区域之间的征税过程，故我们认为这一变量对增值税的采纳存在负面影响。埃布里等（2001）认为 IMF 曾是增值税推广过程中的一大积极参与者，这种参与主要包括两种形式：（1）对国家提供技术支持；（2）通过有限制的借款计划发挥其影响力。我们使用一个虚拟变量（*IMF*）以捕获 IMF 的影响力，从而衡量一个国家是否以备用贷款安排（stand-by arrangement）或扩展融资工具（extended funding facility）等方式接受过 IMF 给予的金融支持。因此，我们判断 *IMF* 对增值税采纳具有正向作用。最后，本章使用了能够反映在给定年份中一个国家是否遭受过武装冲突的虚拟变量（*WAR*），由于遭受战争的国家进行税制改革的激励小于无战乱国家，因而我们认为这一变量将带来负向影响。

为了考虑地域上的影响，本章使用了五个地域性虚拟变量，具体包括：西半球（*WH*）、中东及中亚地区（*MECA*）、欧洲（*EU*）、亚太地区（*AP*）及非洲（*AF*）。尽管本章的模型中不包含常数项，但包括所有时间虚拟变量和区域虚拟变量在内的指标都可能面临与基准风险之间存在多重共线性问题。为了避免这一情况，我们将非洲地区（*AF*）作为基准进行分析。需要注意的是，将区域虚拟变量纳入模型后，基准风险可以以常数项的方式在不同区域之间存在差异（不考虑时间因素）。本章同样对式（4.3）所示的基准风险函数同时依赖于时间和地区这一更具一般性的设定进行过分析，但计算出的基准风险估计量与使用较为简单的设定所得结果不存在显著差异。因此，本章余下部分将使用较为简单的设定作后续分析。此外，由于 *FED* 和区域虚拟变量几乎不随时间变动，故需将其作为与时间无关的协变量。因此，依赖于久期的协变量由 *YPC*、*OPEN*、*AGR*、*POPD*、*WAR*、*IMF* 和 *REV* 构成，与久期无关的协变量则为 *FED*、*MECA*、*EU*、*WH* 和 *AP*。

本章还采用了用于衡量政府之间战略联系的空间滞后因变量，与其他解释变量相同，这一变量同样存在两年滞后期。而基恩和洛克伍德（2010）估计了同一时期内，一个国家在受到同一地区其他邻国采用增值税的影响下，将同样采纳增值税的概率。邻国决策之间的正向空间相关性不仅源于一些全球性影响（如全球金融危机），还源于模仿效应［贝斯利和凯斯（1995）创建了这一概念，其中投票者用相邻管辖区的税务系统信息来评判本区域内部政治家的表现］。[①] 在两种情况下，考虑到增值税将改善政府收入，以及基恩和洛克伍德（2006）提及的增值税将提升投票者福利，其"摇钱树"本质着实具备很强的吸引力。在空间计量中，对空间权重的设定是十分重要的一个环节，决定了到底是哪一个国家对别国的增值税决定产生影响，且通常是点对点的研究，除非权重的选取是基于正式的群体或空间关联的理论模型。虽然传统的权重都是基于共同国界或者地理距离选取，但更为一般化的方式——"经济"距离，也同样可行，并且在实证研究中越来越被频繁使用，而这一方法的主要问题在于可能存在内生性。不同的空间权重设定对空间聚类或空间交互结构有着隐含假设，因此，在进行分析推断时应联系空间权重结构做出考虑。本章主要通过上述各种方法来检验邻国之间的模仿效应，即相当于是对临近权重矩阵的选取（本章并未报告使用距离权重矩阵的估计结果，若有需求也可提供）。由于缺乏关于国家对增值税采用决策的战略联系的理论考量，且缺乏对这类国家战略联系的细节数据，因而目前尚无法得到针对增值税税制而设定的权重矩阵，我们未来将对这一重要且有趣的话题进行研究。

4.3.3　缺失数据的处理

尽管缺失全部解释变量值的国家已经从估计中剔除，但在最终样本中仍存在部分国家的缺失值，每个变量数据缺失情况的总览如表 4-2 所示。通常情况下，对缺失数据的处理方法主要依靠对缺失值进行预测，或是预测用于塑造缺失数据潜在因素的可能分布情况（Tanner and Wong，1987）。在增值税的数据中，缺失值常常集中出现在时间维度（持续好几年的数据缺失）或地区维度（邻国往往出现较长数据缺失区间）。考虑到可能存在

---

① 更一般而言，战略联系可从国家是否采纳税法的决策中观察出来。阿尔姆等（Alm et al.，1993）使用 1964~1992 年美国各州对彩票立法的数据发现模仿效应的存在。此外，戴维斯和诺顿（Davies and Naughton，2014）以及埃格和拉尔克（Egger and Larch，2008）分别发现了邻近国家更倾向于在环境治理和优先交易协议等方面进行联合。

的动态及空间相关性，我们将避免使用可观测值对缺失值或它们的分布进行预测，而本章唯一使用的先验信息为缺失值服从均匀分布（其分布区间的确定取决于特定国家的特定变量观测值中的最大值及最小值）。

我们将式（4.8）用 $L(\theta|X^U)$ 表示，后面将对代表缺失值的向量 X^U 进行具体解释。给定 X^U 的无信息均匀分布，可以根据分布使用其均值 $E_{X^U}L(\theta|X^U)$ 将缺失值 X^U 从式（4.8）中剔除，并最大化似然函数的预期值。由于期望无法解析地估计，因而可以采用模拟极大似然估计方法进行分析（Gourierous and Monfort，1997）：首先我们抽取 S 组（如缺失值 $S=5$ 或 20）缺失数据 $X_1^U,\cdots,X_S^U$，然后最大化 $S^{-1}\sum_{s=1}^{S}L(\theta|X_s^U)$ 而非对式（4.8）求最大值。为了使用 MCMC 方法对上述过程进行模拟，通过计算与从不可观测数据中随机抽取的、分布均匀的模型参数相一致部分的平均值，便可得到后验分布。

4.3.4　MCMC 的构建

这一部分的分析将基于第 2 章所构建的模型，所用算法均通过 Matlab 代码实现。我们进行了两组起始值不同、迭代 12000 次的 MCMC 链过程，在大约 6000 次迭代之后，各参数重叠的轨迹图出现收敛现象。此外，格尔曼－鲁宾诊断结果（Gelman and Rubin，1992）同样证实了收敛情况的存在（见表 4-5 至表 4-7，诊断结果几乎达到了 1，通常目标为低于 1.1 的值）。因此，我们将把每个过程的前 6000 次迭代作为收敛前的不作数迭代，不再加以使用；每个过程的后 6000 次迭代则被组合在一起，并用于本章的后验分析。模型系数先验分布中的超参数设定如下：$b_\theta=0$ 且 $T_\theta=I$（单位矩阵）；实际上，在 Metropolis-Hastings 抽样过程中，我们对每个参数的 θ 均分别进行了更新。此外，在每个参数的方差设定上，本章使用了一个协调参数以将各参数的接受度控制在合理区间内。这里，我们假定 σ^2 的先验分布服从模糊的逆伽马分布 $IG(\sigma_a,\sigma_b)$，其中，σ_a 和 σ_b 是从区间（1，2）中抽取出来的相等数值。尽管区间的选择较为特殊，但它几乎未提供关于超参数的信息，并能确保接受度在合适区间内以及抽样过程的收敛。伽马分布 $G(a_\phi,b_\phi)$ 中 ϕ 的超参数设定为 $(\phi^*,1)$，其中，对 ϕ^* 有

$\varphi(d_{\max}/2;\phi^*)=0.05$，意味着如果两个地区之间距离大于观测值中最大距离（$d_{\max}$）的一半，则其相关性较低，且 ϕ 的先验分布将以先验猜测 ϕ^* 为中心（Bastos and Gamerman，2006）。

表4-5 使用临近权重矩阵以及滞后两年的模型结果

	协变量	GR 诊断	均值	2.5%	50%	97.5%	ESS	$\sqrt{\hat{V}_{ESS}}$	$\exp(\theta)-1$
模拟5次	*YPC*	1.0737	-0.2823	-0.4082	-0.2830	-0.1545	97.9999	(0.0066)	-0.2459
	OPEN	1.0004	-1.2353	-1.9212	-1.2285	-0.5626	435.4544	(0.0165)	-0.7093
	AGR	1.0071	-1.0748	-2.2845	-1.0823	0.0941	475.8385	(0.0279)	-0.6586
	POP	1.0002	-0.1409	-0.4321	-0.1259	0.0539	1892.5072	(0.0029)	-0.1314
	WAR	1.0005	-0.1615	-0.7307	-0.1595	0.4405	1770.2569	(0.0070)	-0.1491
	IMF	1.0000	0.1569	-0.4817	0.1637	0.7272	2430.4309	(0.0061)	0.1699
	REV	1.0067	0.3307	-1.2927	0.3212	1.9128	459.3882	(0.0383)	0.3919
	ρ	1.0004	0.6489	0.0759	0.6541	1.1977	1241.9835	(0.0079)	0.9134
	FED	1.0005	-0.6805	-1.3361	-0.6675	-0.0561	2113.1905	(0.0069)	-0.4936
	MECA	1.0006	-0.6600	-1.3864	-0.6546	0.0216	1997.2518	(0.0080)	-0.4832
	EU	1.0001	1.0868	0.3187	1.1028	1.7609	1658.9344	(0.0089)	1.9646
	WH	1.0030	0.5371	-0.0531	0.5394	1.1149	719.0240	(0.0113)	0.7111
	AP	1.0069	0.1029	-0.4946	0.1047	0.6689	1085.6013	(0.0090)	0.1083
	$\ln(\lambda_1)$	1.0403	-0.9657	-1.9114	-0.9790	0.0505	102.9951	(0.0498)	
	$\ln(\lambda_2)$	1.0403	0.5389	-0.4366	0.5228	1.5113	101.2355	(0.0499)	
	$\ln(\lambda_3)$	1.0396	0.2816	-0.7685	0.2658	1.3401	125.5188	(0.0486)	
	$\ln(\lambda_4)$	1.0012	-0.5490	-2.2977	-0.5282	1.0423	2586.1522	(0.0167)	
	σ^2	0.9999	0.0186	0.0119	0.0183	0.0273			
	ϕ	1.0015	3336.2	3054.1	3333.2	3633.3			
模拟20次	*YPC*	1.0369	-0.2911	-0.4310	-0.2895	-0.1640	71.2393	(0.0083)	-0.2526
	OPEN	1.0016	-1.2394	-1.9196	-1.2325	-0.5810	500.2231	(0.0151)	-0.7104
	AGR	1.0002	-1.1398	-2.3903	-1.1304	0.0622	425.1270	(0.0299)	-0.6801
	POP	1.0004	-0.1453	-0.4266	-0.1302	0.0512	2015.0912	(0.0027)	-0.1352
	WAR	1.0012	-0.1546	-0.7306	-0.1543	0.3931	1930.8257	(0.0065)	-0.1432
	IMF	0.9999	0.1356	-0.4938	0.1432	0.7269	2359.0933	(0.0063)	0.1452
	REV	1.0088	0.2803	-1.3174	0.2613	1.9052	488.7483	(0.0371)	0.3235
	ρ	1.0007	0.6558	0.1025	0.6543	1.2049	1199.5787	(0.0080)	0.9266

续表

协变量		GR 诊断	均值	2.5%	50%	97.5%	ESS	$\sqrt{\hat{V}_{ESS}}$	$\exp(\theta)-1$
模拟20次	*FED*	1.0005	− 0.6955	− 1.3660	− 0.6823	− 0.0793	2114.7291	(0.0071)	− 0.5012
	MECA	1.0004	− 0.6541	− 1.3990	− 0.6433	0.0477	1645.3786	(0.0091)	− 0.4801
	EU	1.0000	1.1064	0.3454	1.1155	1.8344	1619.9548	(0.0092)	2.0235
	WH	1.0004	0.5615	− 0.0443	0.5646	1.1444	973.5132	(0.0097)	0.7534
	AP	1.0001	0.1231	− 0.4883	0.1233	0.7114	982.2566	(0.0098)	0.1310
	$\ln(\lambda_1)$	1.0224	− 0.8934	− 1.9160	− 0.9292	0.2681	68.5862	(0.0669)	
	$\ln(\lambda_2)$	1.0243	0.6232	− 0.3895	0.5948	1.7918	68.8730	(0.0664)	
	$\ln(\lambda_3)$	1.0280	0.3605	− 0.7257	0.3276	1.5807	79.4798	(0.0653)	
	$\ln(\lambda_4)$	0.9999	− 0.5426	− 2.2823	− 0.5162	1.0592	2565.3675	(0.0168)	
	σ^2	0.9999	0.0186	0.0119	0.0183	0.0273			
	ϕ	1.0039	3339.2	3059.3	3336.5	3627.6			

表 4 − 6 　　　　使用临近权重矩阵以及滞后一年的模型结果

协变量		GR 诊断	均值	2.5%	50%	97.5%	ESS	$\sqrt{\hat{V}_{ESS}}$	$\exp(\theta)-1$
模拟5次	*YPC*	1.0014	− 0.2656	− 0.3854	− 0.2698	− 0.1380	74.7166	(0.0076)	− 0.2333
	OPEN	1.0014	− 1.0778	− 1.7459	− 1.0691	0.4442	436.1241	(0.0153)	− 0.6597
	AGR	0.9999	− 1.6399	− 2.9080	− 1.6399	− 0.4556	414.2545	(0.0308)	− 0.8060
	POP	1.0000	− 0.1493	− 0.4369	− 0.1356	0.0516	1988.2448	(0.0028)	− 0.1387
	WAR	1.0002	0.3337	− 0.2136	0.3390	0.8532	1565.2699	(0.0068)	0.3962
	IMF	1.0018	− 0.4334	− 1.2091	− 0.4247	0.2718	2149.8376	(0.0081)	0.3517
	REV	1.0014	0.3294	− 1.2413	0.3217	1.9117	597.8872	(0.0321)	0.3901
	ρ	1.0006	0.5462	− 0.0178	0.5563	1.1113	1182.2091	(0.0082)	0.7267
	FED	1.0004	− 0.6540	− 1.2944	− 0.6501	− 0.0334	1844.1723	(0.0074)	− 0.4800
	MECA	1.0002	− 0.6409	− 1.3965	− 0.6303	0.0697	1715.7005	(0.0090)	− 0.4732
	EU	0.9999	1.0625	0.3223	1.0692	1.7513	1615.3896	(0.0091)	1.8935
	WH	1.0061	0.5067	− 0.1208	0.5069	1.1253	690.3550	(0.0119)	0.6598
	AP	1.0004	0.0445	− 0.5525	0.0374	0.6400	1286.7878	(0.0084)	0.0455
	$\ln(\lambda_1)$	0.9999	− 1.1243	− 2.2530	− 1.0725	− 0.1311	78.6585	(0.0617)	
	$\ln(\lambda_2)$	1.0001	0.4472	− 0.6056	0.4861	1.4169	80.8826	(0.0595)	
	$\ln(\lambda_3)$	1.0001	0.2230	− 0.9132	0.2613	1.2462	108.9316	(0.0532)	
	$\ln(\lambda_4)$	1.0000	− 0.7525	− 2.3518	− 0.7194	0.7301	2355.9580	(0.0163)	
	σ^2	1.0001	0.0185	0.0118	0.0182	0.0274			
	ϕ	1.0003	3334.7	3070.8	3331.2	3632.0			

续表

协变量		GR 诊断	均值	2.5%	50%	97.5%	ESS	$\sqrt{\hat{V}_{ESS}}$	$\exp(\theta)-1$
模拟20次	YPC	1.0046	-0.2621	-0.3856	-0.2635	-0.1393	94.5046	(0.0064)	-0.2306
	OPEN	1.0062	-1.0983	-1.7267	-1.0991	-0.4807	429.1436	(0.0153)	-0.6666
	AGR	1.0000	-1.6361	-2.8183	-1.6445	-0.4268	837.0216	(0.0212)	-0.8053
	POP	1.0000	-0.1498	-0.4568	-0.1340	0.0534	1858.6579	(0.0030)	-0.1391
	WAR	1.0006	0.3443	-0.1881	0.3469	0.8728	1529.8757	(0.0067)	0.4110
	IMF	1.0001	-0.4449	-1.2090	-0.4371	0.2608	2143.5991	(0.0080)	-0.3591
	REV	1.0025	0.3562	-1.0890	0.3464	1.9193	642.3403	(0.0298)	0.4278
	ρ	0.9999	0.5570	-0.0124	0.5603	1.1332	999.9009	(0.0090)	0.7455
	FED	1.0000	-0.6528	-1.3065	-0.6425	-0.0242	1932.8036	(0.0074)	-0.4794
	MECA	1.0000	-0.6725	-1.4544	-0.6595	0.0101	1984.0780	(0.0083)	-0.4895
	EU	1.0010	1.0592	0.3087	1.0611	1.7964	1321.6590	(0.0103)	1.8841
	WH	1.0008	0.5242	-0.0980	0.5271	1.1142	982.7472	(0.0099)	0.6890
	AP	1.0005	0.0526	-0.5778	0.0501	0.6567	998.3281	(0.0099)	0.0540
	$\ln(\lambda_1)$	1.0074	-1.1715	-2.2530	-1.1669	-0.1681	119.4304	(0.0471)	
	$\ln(\lambda_2)$	1.0025	0.4038	-0.6297	0.4133	1.3718	118.1149	(0.0455)	
	$\ln(\lambda_3)$	1.0026	0.1640	-0.9289	0.1836	1.1570	152.3251	(0.0431)	
	$\ln(\lambda_4)$	1.0005	-0.8057	-2.4889	-0.7846	0.6977	2315.2517	(0.0166)	
	σ^2	1.0001	0.0186	0.0118	0.0183	0.0273			
	ϕ	1.0038	3330.5	3066.6	3325.9	3617.8			

表 4-7 使用临近权重矩阵、六段时间区间以及滞后两年的模型结果

协变量		GR 诊断	均值	2.5%	50%	97.5%	ESS	$\sqrt{\hat{V}_{ESS}}$	$\exp(\theta)-1$
模拟5次	YPC	1.0023	-0.2871	-0.4008	-0.2864	-0.1804	117.0776	(0.0053)	-0.2495
	OPEN	1.0013	-1.2449	-1.9338	-1.2358	-0.6206	435.4696	(0.0162)	-0.7120
	AGR	0.9999	-1.1274	-2.3375	-1.1256	0.0169	799.5852	(0.0212)	-0.6761
	POP	1.0000	-0.1465	-0.4280	-0.1317	0.0523	2060.6844	(0.0027)	-0.1363
	WAR	1.0005	-0.1765	-0.7887	-0.1637	0.3939	1816.0531	(0.0069)	-0.1618
	IMF	0.9999	0.1618	-0.4697	0.1601	0.7669	2387.1253	(0.0064)	0.1757
	REV	1.0005	0.2662	-1.2627	0.2761	1.7984	548.9641	(0.0326)	0.3051
	ρ	1.0021	0.6875	0.1532	0.6857	1.2419	1369.2397	(0.0076)	0.9888
	FED	1.0017	-0.6824	-1.3584	-0.6682	-0.0522	1941.9394	(0.0074)	-0.4946

续表

协变量	GR诊断	均值	2.5%	50%	97.5%	ESS	$\sqrt{\hat{V}_{ESS}}$	$\exp(\theta)-1$
MECA	1.0021	−0.6438	−1.4169	−0.6348	0.0746	1638.9343	(0.0093)	−0.4747
EU	1.0008	1.0745	0.3492	1.0857	1.7588	1652.6375	(0.0089)	1.9285
WH	0.9999	0.5427	−0.0582	0.5410	1.1509	1061.9913	(0.0094)	0.7207
AP	1.0016	0.1174	−0.5081	0.1194	0.7213	979.6305	(0.0099)	0.1246
$ln(\lambda_1)$	1.0007	−0.9204	−1.8204	−0.9166	−0.0374	169.5917	(0.0351)	
$ln(\lambda_2)$	1.0020	−0.8156	−1.7211	−0.8068	0.0505	152.2562	(0.0370)	
$ln(\lambda_3)$	1.0007	0.6374	−0.2457	0.6388	1.5106	154.3290	(0.0370)	
$ln(\lambda_4)$	0.9999	0.5117	−0.3574	0.5045	1.3661	172.1939	(0.0340)	
$ln(\lambda_5)$	1.0016	0.3476	−0.6170	0.3540	1.2514	189.8060	(0.0349)	
$ln(\lambda_6)$	0.9999	−0.5149	−2.2196	−0.4935	1.0570	2533.6558	(0.0165)	
σ^2	1.0002	0.0187	0.0119	0.0183	0.0277			
ϕ	1.0007	3332.1	3061.3	3328.3	3620.0			
YPC	1.0201	−0.2851	−0.4090	−0.2818	−0.1783	97.3761	(0.0061)	−0.2480
OPEN	1.0089	−1.2530	−1.8806	−1.2547	−0.6109	386.0952	(0.0166)	−0.7144
AGR	1.0004	−1.0690	−2.2727	−1.0654	0.0737	706.4552	(0.0223)	−0.6567
POP	0.9999	−0.1419	−0.4318	−0.1256	0.0452	1751.0967	(0.0029)	−0.1323
WAR	1.0002	−0.1682	−0.7485	−0.1635	0.4151	1773.1346	(0.0069)	−0.1548
IMF	0.9999	0.1442	−0.4859	0.1594	0.7165	2108.4846	(0.0066)	0.1551
REV	1.0001	0.2912	−1.2424	0.3004	1.7708	431.3700	(0.0370)	0.3380
ρ	1.0001	0.6847	0.1293	0.6829	1.2282	1225.0010	(0.0080)	0.9831
FED	1.0004	−0.6955	−1.3638	−0.6811	−0.0897	2061.1518	(0.0071)	−0.5012
MECA	0.9999	−0.6380	−1.3759	−0.6217	0.0539	1971.3919	(0.0081)	−0.4716
EU	0.9999	1.0873	0.3418	1.0977	1.7650	1427.2287	(0.0096)	1.9662
WH	1.0033	0.5410	−0.0377	0.5374	1.1110	1036.9082	(0.0090)	0.7177
AP	1.0043	0.1318	−0.4396	0.1347	0.6861	1399.2057	(0.0076)	0.1409
$ln(\lambda_1)$	1.0325	−0.9731	−1.8542	−0.9862	−0.0060	116.8135	(0.0445)	
$ln(\lambda_2)$	1.0332	−0.8728	−1.7833	−0.8815	0.0829	115.4510	(0.0444)	
$ln(\lambda_3)$	1.0319	0.6070	−0.2786	0.5851	1.5478	113.9805	(0.0445)	
$ln(\lambda_4)$	1.0232	0.4721	−0.4260	0.4619	1.4200	136.0066	(0.0403)	
$ln(\lambda_5)$	1.0264	0.3210	−0.6222	0.2950	1.3120	149.2933	(0.0402)	
$ln(\lambda_6)$	1.0000	−0.5542	−2.1714	−0.5449	0.9784	2778.3994	(0.0154)	
σ^2	1.0001	0.0185	0.0118	0.0181	0.0275			
ϕ	1.0022	3341.3	3072.4	3335.5	3640.1			

模拟5次（上半部分行区）；模拟20次（下半部分行区）

注：六个时间区间为1970~1979年、1980~1989年、1990~1994年、1995~1999年、2000~2009年以及2009~归并。

4.3.5 实证结果

表 4-8 展示了上述估计结果。在对结果进行后续讨论与推断之前，我们先介绍与数据相关的 MCMC 估计方法的重要性质。

表 4-8 估计结果

变量	无异质性		非空间异质性		空间异质性	
	无空间滞后	有空间滞后	无空间滞后	有空间滞后	无空间滞后	有空间滞后
YPC	-0.2596 ***	-0.2757 ***	-0.2685 ***	-0.2758 ***	-0.2651 ***	-0.2823 ***
	(0.0056)	(0.0067)	(0.0070)	(0.0070)	(0.0060)	(0.0066)
OPEN	-1.1887 ***	-1.2341 ***	-1.1854 ***	-1.2374 ***	-1.1499 ***	-1.2353 ***
	(0.0153)	(0.0152)	(0.0170)	(0.0150)	(0.0132)	(0.0165)
AGR	-0.9216	-1.1056 *	-0.9489	-1.0963 *	-0.9269	-1.0748 *
	(0.0231)	(0.0239)	(0.0264)	(0.0224)	(0.0230)	(0.0279)
POP	-0.1299	-0.1449	-0.1332	-0.1420	-0.1262	-0.1409
	(0.0026)	(0.0029)	(0.0026)	(0.0028)	(0.0027)	(0.0029)
WAR	-0.1720	-0.1606	-0.1707	-0.1632	-0.1545	-0.1615
	(0.0071)	(0.0067)	(0.0067)	(0.0065)	(0.0064)	(0.0070)
IMF	0.1652	0.1562	0.1720	0.1398	0.1887	0.1569
	(0.0068)	(0.0062)	(0.0067)	(0.0064)	(0.0064)	(0.0061)
REV	0.1724	0.2753	0.2518	0.2424	0.2320	0.3307
	(0.0326)	(0.0311)	(0.0312)	(0.0343)	(0.0365)	(0.0383)
ρ		0.6583 **		0.6694 **		0.6489 **
		(0.0076)		(0.0084)		(0.0079)
FED	-0.5218 *	-0.6753 **	-0.5291 *	-0.6760 **	-0.5239 *	-0.6805 **
	(0.0072)	(0.0078)	(0.0068)	(0.0075)	(0.0065)	(0.0069)
MECA	-0.7221 **	-0.6593 *	-0.7023 **	-0.6498 *	-0.7127 **	-0.6600 *
	(0.0083)	(0.0090)	(0.0086)	(0.0083)	(0.0090)	(0.0080)
EU	1.1545 ***	1.0870 ***	1.1830 **	1.0892 ***	1.1663 ***	1.0868 ***
	(0.0100)	(0.0096)	(0.0088)	(0.0098)	(0.0093)	(0.0089)
WH	0.4391	0.5508 *	0.4727 *	0.5631	0.4573	0.5371 *
	(0.0087)	(0.0089)	(0.0081)	(0.0095)	(0.0110)	(0.0113)

变量	无异质性		非空间异质性		空间异质性	
	无空间滞后	有空间滞后	无空间滞后	有空间滞后	无空间滞后	有空间滞后
AP	0.0073 (0.0083)	0.0984 (0.0085)	0.0127 (0.0085)	0.1062 (0.0083)	0.0415 (0.0089)	0.1029 (0.0090)
$\ln(\lambda_1)$	−1.0506 ** (0.0410)	−1.0067 * (0.0467)	−1.0170 * (0.0494)	−1.0048 ** (0.0537)	−1.1033 ** (0.0432)	0.9657 * (0.0498)
$\ln(\lambda_2)$	0.5670 (0.0417)	0.4981 (0.0452)	0.6162 (0.0480)	0.4993 (0.0527)	0.5184 (0.0437)	0.5389 (0.0499)
$\ln(\lambda_3)$	0.3944 (0.0394)	0.2392 (0.0441)	0.4560 (0.0485)	0.2459 (0.0452)	0.3674 (0.0423)	0.2816 (0.0486)
$\ln(\lambda_4)$	−0.5371 (0.0173)	−0.5928 (0.0177)	−0.5180 (0.0170)	−0.5723 (0.0172)	−0.5306 (0.0168)	−0.5490 (0.0167)
σ^2			0.0254	0.0253	0.0187	0.0186
ϕ					3338.5	3336.2

注：样本中包含99个国家，其中80个国家采用了增值税。Gelman – Rubin 诊断结果显示所有参数的 MCMC 序列均收敛。括号中的数字为 MCMC 链中的估计标准误（$\sqrt{\hat{V}_{ESS}}$）。*、** 和 *** 分别代表0值处在90%、95%和99%的参数等尾后验分布置信区间之外。

图4-2为样本中所有参数和超参数的抽样轨迹图（我们并未报告自相关图，如若需要也可提供）。伴随着马尔科夫链中的强自相关性，各参数呈现迅速收敛的特征，反映出样本规模有效性（ESS）较低（见表4-5至表4-7）。由于 MCMC 估计方法无法处理缺失数据，而简单地剔除缺失值将改变邻国结构，因此本章采取第4.3.3节中描述的方法对缺失值进行模拟。在检验所述方法对有限次数的模拟样本数量的敏感性时，我们考虑了不同的样本次数（如5次和20次），因为这一方法在理论上仅对无限次数的模拟过程保持一致。随机过程的收敛性以及后面讨论的最终参数数值都对缺失值的模拟结果不敏感（见表4-5至表4-7）。

此外，表4-5至表4-7中还呈现了我们在第4.2节中讨论的模型参数在2.5%、50%及97.5%处的后验分位数及其后验均值；除此，我们还报告了 MCMC 链中的 ESS 及估计标准误（$\sqrt{\hat{V}_{ESS}}$）。由于 MCMC 样本中存在正自相关性，样本方差的均值极有可能被低估，因此，卡萨丁等

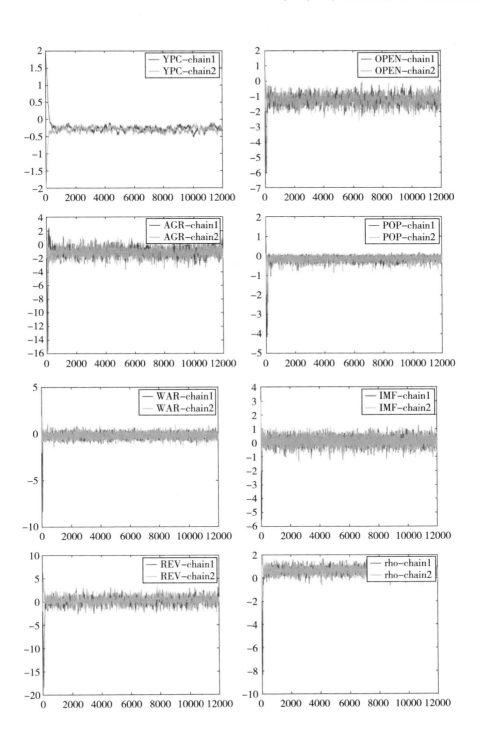

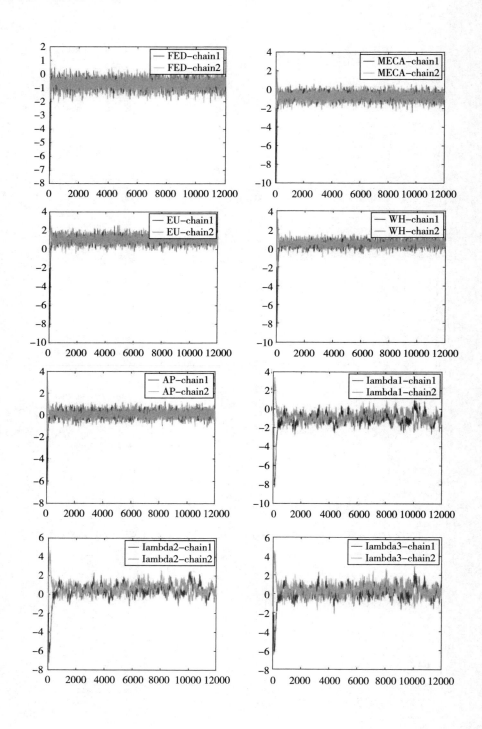

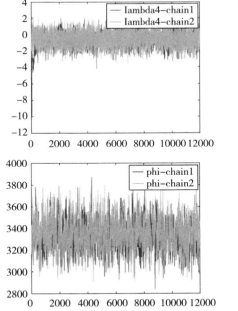
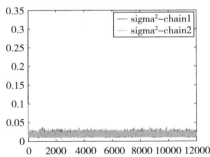

图 4 - 2　参数的 MCMC 抽样结果

（Kass et al. , 1998）使用样本方差的 ESS 作为方差估计量，并用 $\hat{V}_{ESS} = s^2/$ ESS 表示。其中，s^2 为样本方差；而 ESS 则定义为 $ESS = N/\kappa$，N 为样本规模，$\kappa = 1 + 2\sum_{k=1}^{\infty} \rho_k$，$\rho_k$ 为观测参数滞后 k 阶的自相关系数（autocorrelation ρ_k）。在实证上，通过使用从 MCMC 链中估计出的样本自相关系数，并删去加总之后低于 0.1 的结果，便可进而估计出自相关滞后阶数 κ（Roberts，1996）。表 4 - 5 至表 4 - 7 的最后一列中分别报告了当连续变量变动一个单位，或是虚拟变量从 0 变化至 1 时，增值税采用情况的相对风险比率的变动量。

表 4 - 8 报告了本章的主要估计结果。需要注意的是，由于缺乏渐近结果，传统上用于检验显著性的 t 检验在此无法使用。因此，对于参数的显著性推断将基于等尾（equal-tailed）后验分布的置信区间进行。完整模型的估计结果列示在表 4 - 8 的最后两列中，包含了用邻近空间权重矩阵（contiguity spatial weight matrix）、99 个国家以及不可观测值的 5 个模拟值

进行估计的实证结果。需注意，基于其他权重矩阵——距离权重矩阵（distance weight matrix）的结果与使用上述权重矩阵的估计结果并无显著差异，本章对此不作详细报告。结果中，YPC 的系数为负，意味着采用增值税的国家主要是较不富裕的国家，而这一结果与我们的预期相悖。出现这一现象的原因可能在于增值税的普及特征。与前期采用增值税的国家相比，近年来增值税的使用者多是较不繁荣地区，这些地区主要依赖工业经济，不难发现过去 20 年中决定采纳增值税的国家大多集中在非洲地区（见表 4－4）。此外，随着经济全球化的不断推进，国际贸易正在迅速扩张，而各国的税务体系之间的联系也更加紧密，没有国际增值税条款的协调，与之伴随的则是不断增加的双重征税及不征税风险，相对不发达的国家在协调之中的议价能力较弱，因而更倾向于采用增值税。最终，一旦一个国家逐渐富裕，该混合税种中的构成部分将转向所得税，使其对消费征税的依赖程度下降。另一突出的结果是国家开放程度带来的影响显著为负，这与德赛和海因斯（Desai and Hines，2005）、基恩和洛克伍德（2010）的结果一致。此外，REV 系数为正意味着规模大的政府更倾向于通过增值税的方式寻求更多收入。对于估计中的其他变量，其结果均与我们的预期一致：由于难以对农业部门征税，农业在经济中占大比重的国家不太愿意采用增值税；此外，如果国家遭受了武装冲突，则在控制其他变量不变的情况下，相对风险比率将下降约15%（见表 4－6）。

关于机构的影响，联邦国家在增值税的推行上似乎面临着显著困难：联邦体系增值税采纳的相对风险比率比非联邦国家低了大约50%（见表 4－5至表 4－7）。然而，获得 IMF 项目的国家采纳增值税的可能性高于无项目的国家，印证了 IMF 在增值税推行过程中扮演着重要角色。

本章的结果证实了存在"区域性爆发"式的地区集体采纳增值税现象。与非洲国家相比，欧洲和西半球的国家更愿意采用增值税，而中东及中亚地区国家采用该税种的比例则较低。除地域影响外，正向的空间相关性是我们从增值税的使用结果中观测到的另一种位置影响，这一影响方向为正，且当我们采用邻近权重矩阵时，其结果相当稳健。为了讨论空间滞后项的系数（见表 4－8 中的最后两列），我们假设一个有四个毗邻国的国家，一旦这四个邻国中每增加一个增值税使用者，则该国的相对风险比率

将增加 $e^{1/4 \times 0.6489} - 1$（ $= 17.61\%$ ）。这一显著结果表明，各个国家政府在增值税推行的问题上存在战略联系：第一，一个国家面临着邻国直接或间接的、通过税基的流动性进行的税收竞争；第二，如果在进行投票决策时投票者将本国与邻国的税务体系进行比较，还可能出现标尺竞争；第三，所谓的战略联系可能只是每个国家采用当下被广泛认为是最优的税制，而增值税的"摇钱树"本质叠加在邻国的成功推行，将激励别国对其进行效仿。然而，在进行更具体的分析之前，我们无法判断哪一个才是主要原因，这一问题仍值得未来继续研究。

从表 4 – 5 最后两列中所示的异质性的估计结果及模型可观测到的风险比率可以看出，西欧、南美洲及西非地区的风险水平较高，此外，随着距离越远，其异质性的空间相关性减弱。然而，可观测风险比率则相当分散：可以注意到，高风险（high risks）国家（如尼日尔）可以有低的危机概率（low hazards），而低风险国家（如津巴布韦）却可能有较高的危机概率。

在估计完模型中的参数及异质性之后，便可对样本中所有国家的预期久期进行估计。与表 4 – 8 一样，表 4 – 9 报告了在各种模型设定之下，观测久期与估计出的预期久期之间差额的均值与标准差。结果显示，考虑了空间滞后项与空间异质性的模型拥有最小的差额均值与标准差，表明包含三种位置相关成分的一般模型能更好地对增值税采纳之前的久期进行预测。此外，将包含空间滞后项与不包含滞后项的模型进行比较后发现，包含空间滞后项的模型不仅可以估计各国之间采用增值税的战略联系的大小，还可对预期久期作出更准确的预测。

表 4 – 9　　　　　　　　　　　预期久期与观测久期之差

项目	无异质性		非空间异质性		空间异质性	
	无空间滞后	有空间滞后	无空间滞后	有空间滞后	无空间滞后	有空间滞后
均值	4.9154	4.7682	4.7896	4.6481	4.7766	4.6085
标准差	26.8389	26.8537	26.6529	26.7624	26.5372	26.5038

除此之外，表 4 – 8 的结果同样被用于检验不同模型设定下空间滞后变量的稳健性。除了上述包含空间异质性的模型外，仍有许多不包含异质性

或空间异质性的模型，对于每一种模型，我们对含有空间滞后项与不含有空间滞后项的情况均进行了估计。对于不同的模型设定，空间滞后项都表现得相当稳健，而该空间滞后项的存在会对其他要素的估计量带来影响：一些变量的系数值在其影响下有所增大，包括 YPC 系数的小量上升以及 AGR、OPEN 和 REV 系数的大幅增加。在本章所考虑的每一个模型中，用于构造基准风险比率的区域虚拟变量同样受到该空间滞后项的影响；然而，如果模型的第三期中不含空间异质性，则基准风险比率并不会受到实质性影响。因此，在模型中允许增值税征税决议的空间相关性存在确实对其他变量产生显著影响，而在模型中包含国家层面上的不可观测异质性相较之下所起作用较小，至少在本章实例中是如此。实证结果对分段恒定基准风险中时间区间的个数并不敏感。另外，把滞后阶数减小至 1 （$a = b = 1$ 的结果见表 4 - 6）将导致一些变量（AGR、IMF 和 WAR）的估计结果出现较大差异。例如，IMF 和 WAR 的系数符号发生改变，意味着 IMF 将降低、WAR 将提高采用增值税的可能，而这与我们的预想结果存在较大冲突。上述讨论意在说明滞后阶数选择的重要性，且考虑到大约 18 个月的立法时滞，选取 2 年的滞后期将更佳合理。

4.4 结 论

本章描述了几种在空间生存领域用于构建空间相关性结构的模型，并使用增值税使用情况的数据对其进行阐释。具体而言，我们探讨了在增值税使用上各国政府之间潜在的战略联系。通过向久期模型的风险函数中添加依赖于空间相关性虚拟变量的指标，我们清晰地估计并刻画了战略联系，而非仅仅认为该空间影响只存在于异质性中。我们同样允许基准风险对不同区域存在差异。基于马尔科夫链蒙特卡洛算法的贝叶斯方法的使用，使我们不仅能够对主要协变量，还可对国家层面的异质性进行后验推断。

我们发现，不论使用邻近权重矩阵还是距离权重矩阵，政府在采取增值税问题上都存在很强的战略联系，且这一结果对包含或不含有异质性的模型均相当稳健。与非洲国家相比,欧洲的国家更倾向于采纳增值税,而中东及中亚地区国家采用增值税的概率则较低。此外,增值税的采用存在"区域性爆发"现象。各个国家同时采用增值税,或将因此而从捐赠国提供的区域性协调技术支持(regionally coordinated technical assistance)中获益。

未来的研究可以考虑用连续的基准风险函数或是其他非参数方法替代本章的分段基准函数进行分析。此外,虽然本章在增值税使用上发现了显著的正向战略联系,但关于这类联系的原因我们并未得出最终结论,未来可对这一话题进行后续研究。

第 5 章　必要措施还是模仿行为

——关于单一所得税的跨国研究

5.1　单一所得税研究背景

单一所得税指仅针对劳动所得按统一税率进行征税，这一税制在近十年来获得了国际社会的广泛关注。除去早期采用该税制的四个地区①，爱沙尼亚于 1994 年首次实行单一所得税制，成为最早采用该税制的国家；随后，立陶宛和拉脱维亚也分别于 1994 年和 1995 年由原有综合所得税制改革为单一所得税制。第二次爆发单一所得税制改革源于俄罗斯的税制改革。2001 年，俄罗斯采用 13% 的单一比例税率，通过增加就业率和减少逃税行为（Gorodnichenko et al.，2009）实现了约 26% 的个人所得税（PIT）收入增长（Ivanova，2005）。俄罗斯税制改革带来的税收收入显著增长以及良好的经济成效，成功引发部分中东欧国家②的效仿。除去这些转型国家，实行该种税制的国家和地区已遍布至全球各地（如特立尼达和多巴哥、蒙古、毛里求斯等），截至 2011 年，已有 28 个国家实施单一税改革。目前，单一所得税在丹麦和荷兰

_____

① 20 世纪 40～80 年代，泽西岛、中国香港、根西岛和牙买加四个地区均引入单一税。

② 按照税制改革时间顺序，依次为：塞尔维亚、斯洛伐克共和国、乌克兰、格鲁吉亚、罗马尼亚、吉尔吉斯斯坦共和国、阿尔巴尼亚、马其顿、黑山、哈萨克斯坦、保加利亚、捷克共和国、波斯尼亚和黑塞哥维那联邦、白俄罗斯。

等工业化国家已成为学术界及政策界讨论的热门话题。

单一税基本符合优良税收所期望的标准：结构简化、高透明度、高效率、稳定税负及保持商业吸引（Antalova，2010），因而被大力提倡。例如，单一消费税的主要优势是可以降低税收的管理成本及执行成本。[1] 此外，对经济增长的促进作用也是单一税制的主要优势。霍尔和拉布什卡（Hall and Rabushka，1985）认为，单一税促进更多的工作激励、创业活动和资本形成，从而大幅度提高了国民生产总值和生活水平。阿迪卡里和阿尔姆（2013）近期也通过对 1994～2005 年 8 个东欧和中欧国家的实证研究发现，税收改革对部分（并非所有）国家的经济增长有积极影响。然而，单一税制使收入分配及收入差距扩大的影响受人诟病。邓肯和彼得（Duncan and Peter，2012）对此表示，尽管更具效率的税制（如更少层级的累进税）可能会加剧名义收入不平等，但这并不会使实际收入不平等的情况恶化，甚至可能在高额逃税的国家有所改善。

虽然单一所得税的引入被公认为是重要的税收政策的发展与改革，但影响国家采用单一所得税的各项因素没有得到重视，[2] 目前研究单一所得税的文献并未从影响因素角度进行分析。本章从采用单一所得税的影响因素入手，讨论了国家的税制决策是否主要受国家经济和制度因素影响，或仅是国家毗邻效应。同时，本章还检验了单一所得税的实行是否能够提高国家的税收收入。目前还没有对采用单一税的经济后果进行全面研究的相关文献，[3] 大多数研究只涉及个别国家的经验。例如，伊万诺娃等（Ivanova et al.，2005）和哥罗季尼琴科等（Gorodnichenko et al.，2009）使用俄罗斯家庭层面的数据，分析了单一所得税的引入对税收政策合规性及劳动力供给的影响。本章的贡献在于对引入单一税对收入效应的影响是基于跨国数据来分析的。

利用 75 个发展中工业化国家 1990～2011 年的面板数据，我们实证考察了单一税的影响因素及收入效应。基于现有的单一税研究，我们考虑了各种

---

① 由于消费税不对资本收益征税，这样避免或至少减少了类似对资本所得税进行定义、度量和征收的复杂程度。

② 我们关注单一税制正式实行的日期。

③ 各国数据概览参见哈德勒等（2007）和基恩等（2008）。

经济因素（如发展水平、国内生产总值构成和开放程度），同区域中使用单一税的邻国数量占比、制度质量、国际货币基金组织（IMF）贷款计划的参与情况以及政党取向。我们建立了采用方程和收入方程，其中，收入方程考察了单一税对税收收入与 GDP 比值的影响，控制了现有税收影响文献中的变量，并添加国家是否采用单一税的虚拟变量及各种经济变量的交互项。

本章在研究单一税文献中使用的计量经济学估算方法上做出了贡献。由于目前只有四个国家[①]停止所得税征收，我们采用 COX 比例风险模型和空间久期模型（Čížek et al.，2016）来估计采用方程。基恩和洛克伍德（2010）估计采用增值税（VAT）时使用了动态 Probit 模型，我们采用的两个方程针对该模型加以改进。由于因变量有一个周期的时间滞后，且横截面单位数远大于时间段，我们采用阿雷拉诺和邦德（Arellano and Bond，1991）的广义矩估计法（GMM）来估计收入方程，一个国家的收入需求可能会影响其是否采用单一税的决策，而上述方式通过使用内部工具变量来解决这一潜在的内生性问题。因为变量的滞后项可以作为因变量一阶差分后的弱工具变量，我们使用了系统 GMM 方法（Blundell and Bond，1998）。

采用方程的结果显示，社会偏好右倾化的国家以及有更多已采取单一税邻国（即指处于同一地区或接壤的国家）的国家，更倾向采取单一所得税制。我们还发现 IMF 贷款计划的参与情况以及低质量的制度对单一税的蔓延有一定的促进作用。采取单一税对税收收入与 GDP 比值有显著的正向作用，尤其是对那些农业部门规模小、人均收入高和具有更高质量制度的国家。

5.2　单一所得税的定义及发展过程

5.2.1　单一税的定义

单一税指针对企业所得和个人劳动所得按统一税率进行征税的税收结

---

① 这四个国家分别是伊拉克（2006）、冰岛（2010）、塞尔维亚（2010）和乌克兰（2011）。

构，由霍尔和拉布什卡（1985）首次推行。然而，当今使用的"单一所得税"概念与霍尔和拉布什卡（HR）单一税①的理解不同。近年来，政策制定者和学者们对单一所得税的概念进行扩展，并主要关注劳动所得的征税。尽管单一税形式多样，凯恩等（2008）指出对劳动所得按严格为正的单一税率征税是仅单一所得税拥有的特征。凯恩等（2008）对单一所得税更正式的定义如下：

$$T_F(Y) = \max\left[t \cdot (Y - A_F), 0\right] \tag{5.1}$$

其中，$T_F(\cdot)$ 表示劳动所得税负债；Y 表示劳动所得；t 表示单一的边际劳动所得税正值税率；A_F 表示所得税补贴。虽然在实践中单一税率 t 也适用于其他所得类型，甚至在某些情况下也适用于消费品的流转收入，我们对单一税的定义与凯恩等（2008）保持一致。

值得注意的是，在式（5.1）中单一税的定义只考虑了劳动个人所得。在实践中，针对劳动个人所得的实际税收也取决于社会保险缴款的制度体系，因此，即使税务机关采用的也是式（5.1）意义上的单一税，但单一税税率与实际劳动所得税税率大相径庭。这一点也由近期单一税采用者的政策选择得到进一步证实。单一税收的引入通常伴随着旨在提高公共收入的社会保障缴款的改革，因此，即使在单一所得税率较低的情况下，实际的劳动所得税率也可能会相当高。为了简单起见，我们在计量分析中将社会保障缴款问题抽离出来，今后另做研究。

5.2.2　单一税的发展过程

除去早期采用单一税制的四个地区，即泽西岛（1940 年）、中国香港（1947 年）、根西岛（1960 年）和牙买加（1986 年），单一税收改革是由爱沙尼亚于 1994 年首次发起，随后立陶宛和拉脱维亚也分别于 1994 年和 1995 年实行单一所得税改革。这些改革在当时并没有引起重视，直到 2001 年俄罗斯在其税收改革过程中将单一税改革作为关键环

---

① 实际上，HR 单一税是指通过（不退还的）税收抵免劳动所得的扣除方式收取的依源头课税的消费型增值税，参见凯恩等（2008）。

节。俄罗斯税制的改革将原有的三级个人所得税（PIT）税率结构替换为单一税率，并基于最高边际税率大幅下调。这引发了第二次新的单一税改革的浪潮，并影响至今。

表 5-1 展示了 1994～2011 年采用单一所得税的 28 个国家的情况，[①] 其中，塞尔维亚、冰岛、乌克兰和伊拉克四个国家已废止该税制。[②] 大多数采用单一税的国家都位于东欧地区，在这些国家中，我们观察到税收层级和最高的法定 PIT 税率均有下降趋势。在税制改革前，采用单一税的这些国家平均有 3.6 个税率，平均税率为 20%，其中最高的 PIT 税率为 28.4%；税制改革后，平均税率下降至 16.3%。用单一所得税率替代原有多层级税率可以降低行政成本和信息成本，并减少人们操纵应税所得的动机。此外，国际流动的扩张加强了税收竞争，从而产生税率下调压力。最高的 PIT 税率在跨国实证研究中有时作为税收累进率的代理变量，或是作为评估整体超额税负的一种方式（Johnson et al., 1998；Friedman et al., 2000）。将个人所得税税率设置在较低水平可能降低平均税率，形成效率的帕累托改进（Keen, 2008），并增加劳动供给（Duncan and Peter, 2009）。

表 5-1　　　　　　　　　　1994～2011 年采用单一税制的国家情况

国家	采用年份	改革类型 *	改革前个人所得税率			改革后个人所得税率	
			层级数	平均值（%）	最高值（%）	引入时税率（%）	2011 年税率（%）
爱沙尼亚	1994	1	3	24.3	33.0	26.0	21.0
立陶宛	1994	0	5	22.6	33.0	33.0	15.0
拉脱维亚	1995	1	2	17.5	25.0	25.0	25.0
俄罗斯	2001	0	3	20.7	30.0	13.0	13.0
塞尔维亚	2003	1	3	15.0	20.0	14.0	12.5

　　① 由于数据不可用，我们没有报告分别于 1994 年和 2008 年采用单一所得税的格林纳达和东帝汶。

　　② 塞尔维亚议会于 2010 年批准个人所得税税法修正案，要求收入不超过六倍平均年度工资的个人适用 10% 税率，超过该数额的个人适用 15% 税率；由于金融和经济危机的影响，冰岛自 2010 年 1 月 1 日起，以三个国家税率取代个人所得税的单一税率；受赤字问题困扰，乌克兰于 2011 年 1 月 1 日起新增了针对月度收入超过十倍每月最低工资的个人 17% 的个人所得税税率（原有单一税率为 15%）；伊拉克废除单一税制的准确原因难以获得。

续表

国家	采用年份	改革类型 *	改革前个人所得税率			改革后个人所得税率	
			层级数	平均值（%）	最高值（%）	引入时税率（%）	2011 年税率（%）
伊拉克	2004	1	11	39.1	75.0	15.0	8.3
斯洛伐克	2004	2	5	25.6	38.0	19.0	19.0
乌克兰	2004	0	5	23.0	40.0	13.0	16.0
土库曼斯坦	2004	0	7	15.1	25.0	10.0	10.0
格鲁吉亚	2005	0	4	14.7	20.0	12.0	20.0
罗马尼亚	2005	1	5	28.6	40.0	16.0	16.0
吉尔吉斯斯坦	2006	1	2	15.0	20.0	10.0	10.0
特立尼达和多巴哥	2006	1	2	27.5	30.0	25.0	25.0
冰岛	2007	0	2	38.7	39.7	35.7	26.8
哈萨克斯坦	2007	0	6	20.0	40.0	10.0	10.0
马其顿	2007	1	3	19.0	24.0	12.0	10.0
蒙古	2007	0	3	20.0	30.0	10.0	10.0
黑山	2007	0	3	20.0	24.0	15.0	9.0
毛里求斯	2007	1	2	18.8	22.5	15.0	15.0
阿尔巴尼亚	2008	1	5	17.0	30.0	10.0	10.0
保加利亚	2008	1	3	22.0	24.0	10.0	10.0
捷克	2008	0	4	18.7	32.0	15.0	15.0
白俄罗斯	2009	0	5	19.8	30.0	12.0	12.0
伯利兹城	2009	1	5	35.0	45.0	25.0	25.0
波黑	2009	1	2	12.5	15.0	10.0	10.0
巴拉圭	2010	0	0	0.0	0.0	10.0	10.0
塞舌尔	2010	1	0	0.0	0.0	18.8	15.0
匈牙利	2011	0	2	24.5	32.0	16.0	16.0
平均值			3.6	20.0	28.4	16.3	14.8

注：* 取值 0 表示只有个人所得税变为单一税；取值 1 表示个人所得税和企业所得税变为单一税；取值 2 表示个人所得税、企业所得税和增值税变为单一税。

资料来源：作者根据相关资料整理编制。

　　在税制改革中，除了按单一的边际劳动所得税正值税率征税以外，采用单一税制的国家还有其他共同特征。首先，除了拉脱维亚、立陶宛和俄罗斯外，大多数国家在税制改革后 PIT 收入下降。其次，采用单一税通常与企业所得税（CIT）税率的下降有关。此外，大多数国家在第二次税制改革浪潮中都削减了社会保障缴款额（如格鲁吉亚、俄罗斯和斯洛伐克共和国）。最后，单一税改革通常伴随着如增值税和消费税等间接税的增加，尤其是发生在第二次改革浪潮中的税制改革，从而补偿潜在的收入损失。

虽然这些国家具有类似的特点，但其不同之处值得关注。一个区别是，在第一次税制改革中，对劳动所得征收的单一正值税率接近于改革前的最高税率；而第二次税制改革的单一税率接近改革前边际税率的最低水平。另一个区别涉及单一税率所涵盖的税收类别。表 5-1 显示，28 个国家中有 13 个国家仅引入单一个人所得税，另外 15 个国家同时引入单一企业所得税和单一个人所得税税制体系。有趣的是，斯洛伐克是唯一一个对个人所得、企业所得和消费收入均采用单一税率的国家。许多国家在采用单一税后都提高了个人津贴，但津贴的基本水平与增长幅度在各国之间也有很大差异（见表 5-2）。

表 5-2　　　　　　　　采用单一所得税国家的个人补贴情况

国家	执行年份	津贴（美元）		变动方向
		改革前	2011 年	
爱沙尼亚	1994	181.51	2403.338	+ +
立陶宛	1994	8.06	2163.96	+ +
拉脱维亚	1995	0.00	1017.956	NA
俄罗斯	2001	112.62	158.0616	+
塞尔维亚	2003	7796.02	3149.947	−
伊拉克	2004	0.00		NA
斯洛伐克	2004	1054.04	4950.348	+ +
乌克兰	2004	38.25	711.4739	+ +
土库曼斯坦	2004	0.00	1684.211	+ +
格鲁吉亚	2005	56.35	0	已废除
罗马尼亚	2005	735.37	944.0196	+
吉尔吉斯斯坦	2006	0.00	212.9854	+ +
特立尼达和多巴哥	2006	3968.53	9411.014	+ +
冰岛	2007	4842.49	0	已废除
哈萨克斯坦	2007	928.10	856.2994	−

续表

国家	执行年份	津贴（美元）		变动方向
		改革前	2011 年	
马其顿	2007	729.32	1888.593	＋＋
蒙古	2007	2.00	0	已废除
黑山	2007	0.00	0	NA
毛里求斯	2007	6780.61	8283.416	＋
阿尔巴尼亚	2008	0.00	1154.552	＋＋
保加利亚	2008	1679.44	0	已废除
捷克	2008	354.79	1237.81	＋＋
白俄罗斯	2009	196.59	1772.698	＋＋
伯利兹城	2009	0.00	12800	NA
波黑	2009	0.00	2558.635	NA

资料来源：作者根据相关资料整理编制。

5.3　采用单一税的原因

5.3.1　样本数据

我们的不平衡面板数据集覆盖了 1990～2011 年期间的 75 个国家，并划分为三类。第一类包括已采用单一税的 28 个国家；第二类包括 33 个正在考虑采用单一税的国家，如果已有重要政府官员公开声明将考虑采用单一所得税，则将这类国家定义为静观者，我们使用了 Alvin 的 Rabushka 的博客[①]和各国财政部门的主页来确定这一组国家；第三类没有采用或考虑引入单一税的 15 个国家作为控制组。

我们将样本国家按埃布里等（2001）的分类方法分为以下几个区域：亚太地区（AP）、美洲（AS）、撒哈拉以南的非洲（AF）、欧盟 27 国（EU）、中欧和原苏联地区（CBRO）、北非和中东（NME）以及小岛

---

① http：//flattaxes.blogspot.nl/。

（SI）。我们样本在各国的广泛分布表明其具有代表性（见表 5-3）。其中，60% 的国家来自欧洲，超过一半的国家属于中欧和原苏联地区；约有 11% 的国家来自美洲；5% 来自撒哈拉以南的非洲；4% 来自北非和中东地区；8% 来自亚太地区；11% 来自小岛。① 描述性统计数据见表 5-4。

表 5-3 样本国家构成

EU	AS	AF	CBRO	AP	NME	SI
奥地利	加拿大	毛里求斯	阿尔巴尼亚	澳大利亚	伊拉克	阿鲁巴
比利时	哥斯达黎加	卢旺达	亚美尼亚	中国	科威特	巴巴多斯
丹麦	海地	乌干达	阿塞拜疆	日本	卡塔尔	伯利兹
芬兰	巴拿马	津巴布韦	白俄罗斯	韩国	土耳其	塞浦路斯
法国	墨西哥		波斯尼亚	蒙古		冰岛
德国	特立尼达和多巴哥		保加利亚	新西兰		马耳他
希腊	美国		克罗利亚			波多黎各
爱尔兰			捷克			
意大利			爱沙尼亚			
卢森堡			匈牙利			
荷兰			哈萨克斯坦			
挪威			吉尔吉斯			
葡萄牙			拉脱维亚			
西班牙			立陶宛			
瑞典			马其顿			
瑞士			黑山			
英国			摩尔多瓦			
			波兰			
			罗马尼亚			
			俄国			
			塞尔维亚			
			斯洛伐克			
			斯洛文尼亚			
			塔吉克斯坦			
			土库曼斯坦			
			乌克兰			
			乌兹别克斯坦			

① 由于数据受限，无法获取更多国家的信息。

表5-4 描述性统计

变量	样本数	均值	标准差	最小值	最大值
F	1425	0.105	0.306	0.000	1.000
$GDPPC$	1342	1.027	0.475	-0.400	1.890
$SAGRI$	1264	10.323	10.849	0.260	65.860
$OPEN$	1425	85.862	48.541	0.000	324.327
$NADPOTER$	1425	10.728	17.047	0.000	64.286
$INST$	1097	0.398	0.995	-2.068	1.956
IMF	1425	0.277	0.448	0.000	1.000
$PORIENT$	1337	1.478	1.192	0.000	3.000
r	1020	1.418	0.344	-0.551	3.281
$LPOP$	1425	0.831	0.776	-1.166	3.127
$POP14$	1406	23.745	8.676	13.358	49.123
$POP65$	1406	10.741	4.877	1.028	22.687
RES	1422	0.564	2.975	0.000	24.542
EU	1425	0.227	0.419	0.000	1.000
AS	1425	0.107	0.309	0.000	1.000
AF	1425	0.053	0.225	0.000	1.000
$CBRO$	1425	0.373	0.484	0.000	1.000
NME	1425	0.053	0.225	0.000	1.000
AP	1425	0.08	0.271	0.000	1.000
SI	1425	0.107	0.309	0.000	1.000

5.3.2 潜在原因

采用单一税的四个驱动因素备受关注：税收模仿、政府的社会偏好、国际货币基金组织（IMF）贷款计划的参与情况和税收政策合规性。本节讨论这些变量的动机和度量，关于变量的详细描述以及来源见表5-5。

表 5 - 5   数据描述及来源

变量	描述	数据来源
单一税虚拟变量	虚拟变量，如果已引入单一税取值为 1；否则为 0	作者根据 IBFD 官网计算得出
人均 GDP	真实人均 GDP（PPP）的对数（单位：千美元）	世界银行（2012），"世界发展指标"
农业份额	劳动部门附加价值占 GDP 份额	世界银行（2012），"世界发展指标"
开放度	商品和服务进出口总值占 GDP 份额	世界银行（2012），"世界发展指标"
税收模仿	同区域内已采用单一所得税的其他国家数量占比	作者计算整理
制度质量	六个治理维度指标的均值（即话语权和问责制、政治稳定、治理有效性、监管质量、法律规则和腐败控制），取值范围为 -2.5 ~ 2.5，数值越大表明治理结果越好。其中，1997 年、1999 年、2001 年及 2203 年的数据丢失，通过内插值法替代	世界银行："世界治理指标"，http：//info. worldbank. org/governance/wgi/index. asp。更多细节可参见考夫曼等（Kaufmann et al. , 2008）
IMF 虚拟变量	虚拟变量，如果已加入 IMF 贷款计划取值为 1；否则为 0。IMF 贷款计划指扩展信贷融资、扩展贷款计划和备用安排	IMF 官网
执政党倾向虚拟变量	针对经济政策的执政党倾向。右倾（R）定义为保守派、基督教民主或右翼；左倾（L）定义为共产主义、社会主义，社会民主或左翼；中立（C）定义为中间派或当时立场最好为中间派；R = 1，L = 3，C = 2。不符合上述类别的所有情况取值为 0	Political Insititutions 数据库（Keefer，2009）
联邦政府虚拟变量	虚拟变量，如果为联邦政府的国家取值为 1；否则为 0	特雷斯曼（2008），http：//www. sscnet. ucla. edu/polisci/faculty/treisman/
税收收入	税收收入占 GDP 比重（%）	IMF 政府财政统计、IMF 工作人员报告、IMF 专题研究报告、FAD 的内部数据及 OECD 治国本领（http：//stats. oecd. org）

变量	描述	数据来源
人口数量	总人口数（单位：百万人）	世界银行（2012），"世界发展指标"
年轻人口数占比	14 岁及以下人口数量占比	世界银行（2012），"世界发展指标"
老年人口数占比	65 岁及以上人口数量占比	世界银行（2012），"世界发展指标"
自然资源	底土资源（2000 年人均量，单位：千美元）。底土资源价值每年保持不变	世界银行（2005）

我们观察到，许多单一税改革发生在前社会主义国家，即原苏联地区或前南斯拉夫，经济文献中常用的税收模仿机制可能作为该现象的一种解释。在研究个人所得税时，邓肯和格里什（Duncan and Gerrish，2014）用税收模仿来描述个人收入竞争的四个可能途径：国家可能因为税基流动性受到来自邻国的直接竞争、来自公司结构的间接效应、标尺竞争以及每个国家都采用当前所认为的最优税收政策的政策扩散。尽管如邓肯和格里什（2014）所述，确定税收模仿的渠道和竞争来源并不容易，但我们同样可以把税收模仿作为单一所得税的一个考量因素。事实上，在国家做出是否遵守税法或加入国际条约的决策时，这种模仿反应并不罕见。例如，艾特和耶纳（Aidt and Jenen，2009）研究所得税征收的决定因素时发现，已使用所得税的邻国数量占比越大，该国家越有可能采用该税制。其他证据还包括使用增值税（Keen and Lockwood，2010；Čížek et al.，2017）和特惠贸易协定（Egger and Larch，2008）等。

由于税收模仿在解释国家税收决策方面具有重要意义，我们考虑采用两种方式来获取该效应。第一种标准方式是对每个国家 i 设置相邻采用者的比例（NADOPTER）变量，用以衡量同一地区内采用单一税的国家的比例，这个变量的系数可以观测到邻国的税制结构对本国税收决策的影响（Keen and Lockwood，2010）。第二种标准方式更加灵活，我们使用空间模型，邻国效应将由变量的空间滞后项来衡量。

政府的社会偏好也可能是国家采用单一税制的解释之一，因为罗尔斯政府和功利主义政府之间的福利成本向单一税转移的原因是不同的。罗尔斯政府倾向引入一个有很多税收层级、收入补贴或收入支持的非线性税收计划，从而实现将中高等收入群体所得重新分配给低收入群体的目标。功利主义政府的决策恰好相反，它们选择以牺牲低收入群体的福利作为代价，从而改善社会整体福利，降低管理成本。由于没有直接衡量政府社会偏好的最佳标准，我们通过设定执政党取向（*PORIENT*）来间接度量，它可以作为较好的代理变量是因为政府的社会偏好主要是由执政党的取向影响设置的。政治制度数据库（Back et al.，2001）识别了执政党针对经济政策方面的取向。

另一个潜在原因在于 IMF 计划（*IMF*）的出现。大量实证文献反映了国际货币基金组织贷款对各种宏观经济结果的影响（Barro and Lee，2005；Easterly，2005），并推动特定政策转型（Keen and Lockwood，2010）。虽然没有任何官方文件涵盖了关于国家在接受 IMF 贷款后承诺采用单一所得税，但 IMF 贷款计划对单一所得税采用决策的影响是不容忽视的。

我们使用 *IMF* 作为虚拟变量，衡量一个国家是否在某一年度参与 IMF 的贷款计划。IMF 提供各种适合各会员国特定情况的贷款工具，我们主要考察了扩展信贷融资（ECF，即之前的减贫增长贷款）和扩展贷款计划，同时我们也考虑到备用安排。我们的样本中有 44 个国家（其中大部分是发展中国家）在过去几十年里参与了这些贷款计划，其中 24 个国家采用了单一税，约占所有采用该税制体系国家数量的 86%。

鉴于采用单一税制体系国家的逃税现象更为严重，我们可以合理推测政府采用该税制与政府加强税收政策合规性的动机有关。然而，目前实证文献对税收政策合规性的最佳度量标准未能达成共识。我们将使用制度质量（*INST*）作为税收政策合规性的间接衡量标准。事实证明，功能失调的制度导致逃税概率上升和更大的影子经济规模（Torgler and Schneider，2009），这迫使政府采取行动来解决。制度质量这一关键指标最先由考夫曼等（2009）提出，虽然该指标很难成为税收政策合规性的最优衡量标准，但考虑到逃税是可能的原因之一，检验采用单一税的决策是否随制度质量变化依然是很有意义的。

5.3.3 采用单一税：标准久期分析

我们研究在风险框架下采用单一所得税的原因。实际上，国家一旦采用单一所得税就不太可能废除该税制，因为废除后会带来巨大的管理成本，并造成政策不稳。直到采用单一税前，时间 t 的分布显然是不对称并自相关的，且可能呈双峰形态，在假设误差项服从正态分布的条件下，标准线性或 Probit 模型是不合适的。为了模拟出潜在因素如何影响采用单一税的概率，我们采用久期模型。久期分析主要关注风险率（或风险函数），即在时刻 $t = (1, \cdots, T)$ 时，在 $[t + \Delta t)$ 期间采用单一税的概率是随着时间和潜在时变的解释变量 X_{it} 变化而变化的函数。令 T^A 表示采用单一税的时刻①，那么对于国家 $i(=1, \cdots, N)$ 在时刻 t 的风险函数如下：

$$h_i(t, X_{it}) = \lim_{\Delta t \to 0} \frac{Pr(t + \Delta t > T^A > t \mid T^A > t, X_{it})}{\Delta t} \tag{5.2}$$

解释变量包括前面所述的采用单一税的四个潜在驱动因素。在标准久期模型中，税收模仿由 $NADOPTER$ 表示，而在表 5-6 中给出的区域分类参照埃布里等（2001）的分类。此外，我们控制了税收努力文献中提出的基本经济指标：人均 GDP（$GDPPC$）的对数、农业占 GDP 的比重（$SAGRI$）和开放度（$OPEN$）。从人均 GDP 的对数可以看出一个国家的经济发展水平，农业占 GDP 的比重用作非正规部门规模的代理变量②。用进出口总额占 GDP 的比重来衡量的开放度可能对采用单一税制有积极作用。我们还加入时间虚拟变量控制了对各国普遍的冲击，如全球经济衰退。

---

① 虽然我们使用一个简单的虚拟变量来表示所有国家是否采用单一税，但并非所有单一税制体系都是一样的。它们在重要的多维度设计中存在本质的差异：对收入的定义、所处税率水平、税收豁免和抵免的程度以及免税的门槛高度。虚拟变量不能反映出各个单一所得税制体系中这些本质的区别，但它仍然体现了该体系最重要的方面。

② 农业占 GDP 的比重可能不是非正规部门规模的最佳衡量标准。尽管彼得（2009）提出利用电力消耗方法来衡量影子经济的方法非常合适，但是跨国的电力消费数据无法获得。

表 5－6 　　　　　不同区域采用或正在考虑采用单一所得税的国家数量

项目	欧盟 （EU）	美洲 （AS）	撒哈拉沙漠 以南的非洲 （AF）	中欧和 原苏联地区 （CBRO）	亚太地区 （AP）	北非和 中东 （NME）	小岛 （SI）	总计
采用者[a]（个）	0	0	1	19	1	1	5	27
静观者[b]（个）	11	7	3	5	3	2	2	33
未采用者（个）	6	1	0	4	2	1	1	15
合计（个）	17	8	4	28	6	4	8	75
占比（%）	23	11	5	37	8	4	11	100

注：a 采用或之前采用过单一所得税的国家。

　　b 划分为静观者的国家主要基于两个原因：Rabushka 的博客；财政部的声明。

为了检验采用单一税的可能性与潜在驱动因素之间的关系，我们使用与仅取决于时间基准风险率h_0成倍数关系的 COX 模型：

$$h_i(t, X_{it}) = h_0(t)\exp(\beta_0 + X'_{i(t-a)}\beta) \qquad (5.3)$$

其中，a 是一个适当的时间滞后。因为在决定采用单一税和该税制对税法有实质影响之间总是存在时间差，所以，我们将影响采用单一所得税的一系列随时间变化的决定因素滞后一年，即 $a=1$，我们称之为基准采用方程。在我们的案例中，对于有一些相关国家（即在同一年采用单一税的国家），这个关系很大程度地影响着邻国。为了解决这个问题，我们使用计算简便的 Breslow 方法。如果风险组中同时失败的数量与风险组本身规模的相关关系较小，那估计的近似值具有很高的准确性，而我们的数据集正好满足了这个特点。我们没有左归并的观察结果，即在观察期 1990 年之前采用单一税的国家情况。尽管我们确实考察了右归并观测结果（即在我们的样本观察期间没有采用单一税的国家情况），但只要采用单一税的时间在 X_{it} 的条件下与归并时间无关，右归并就不会影响系数估计结果。我们的样本满足这个假设，因为归并时间（即 2011 年）是预先设定的常数。

我们的不平衡面板数据集覆盖了 1990～2011 年期间的 75 个国家。我们选择 1990 年作为起始年有两个原因。首先，爱沙尼亚于 1994 年首次采用单一税制体系，因而设定在事件首次发生的前几年是为了避免左归并问题；其次，原苏联地区和中东欧的许多国家 1990 年前的数据无法获得。

表 5－7 给出了基准采用方程的估计。COX 模型的估计系数与古典回归的解释不同。正的系数表示自变量的增加会提高风险率，参数估计值表示在控制其他回归系数不变的情况下，每增加一单位回归因子，预计相对风险的对数增加数量。表 5－7 第（1）列仅包括那些税收努力文献中的标准变量，显示了人均 GDP 和农业所占份额显著为负，而开放度如预期一样显著为正。

表 5－7　　　　　　　　　　采用方程：标准久期模型

变量	（1）	（2）	（3）	（4）	（5）	（6）	（7）
GDPPC	−2.5971***	−1.5397***	−1.4981***	−2.1022***	−2.9664***	−1.2333*	(0.739)
	(0.414)	(0.451)	(0.534)	(0.427)	(0.472)	(0.653)	(0.738)
SAGRI	−0.1097***	−0.0800***	−0.0965***	−0.1053***	−0.1354***	−0.0913***	−0.0751***
	(0.023)	(0.023)	(0.023)	(0.022)	(0.025)	(0.026)	(0.027)
OPEN	0.0068***	0.0059***	0.0063***	0.0061***	0.0088***	0.0065***	0.0057**
	(0.002)	(0.002)	(0.002)	(0.002)	(0.002)	(0.003)	(0.003)
NADOPTER		0.0413***				0.0379***	
		(0.006)				(0.008)	
INST			−0.5034***			(0.129)	(0.012)
			(0.159)			(0.203)	(0.222)
IMF				0.7211***		0.4135*	2.053
				(0.189)		(0.217)	(0.222)
PORIENT					−0.3387***	−0.3235***	−0.2968***
					(0.081)	(0.081)	(0.081)
CBRO							2.7010***
							(0.505)
其他地区虚拟变量	N	N	N	N	N	N	Y
观测值	1376	1376	963	1376	1238	889	889
Pseudo R^2	0.0390	0.0825	0.0421	0.0500	0.0730	0.1160	0.1410
对数似然函数值	−628.9	−600.4	−600.4	−621.7	−516.1	−469.0	−455.9

　　注：括号内的数值为聚类稳健标准差；时间变量考虑在内；***、**、*分别表示在1%、5%、10%水平上显著。

表 5－7 第（2）列至第（5）列分别涵盖了每个潜在的驱动因素。所有驱动因素的影响都是显著的，尤其是那些大多数邻国已采用单一所得税

的国家，更有可能采用该税制；制度质量与引入单一所得税的可能性呈负向关系；接受 IMF 贷款计划的国家采用该政策的概率会提高；社会偏好左倾化的罗尔斯政府不太可能使用该税制。然而，当我们控制了第（6）列中所有的变量时，只有税收模仿和执政党取向（除农业产出和开放度之外）仍保持显著。这表明，是否采用该税制很大程度受税收模仿和政府的社会偏好的影响。

在表 5 – 7 第（7）列中，我们进一步控制了区域的虚拟变量（基于表 5 – 6），以解释区域层面上不可观测的异质性。在这种情况下，我们剔除了 NADOPTER，因为区域虚拟变量和已采用单一税的邻国占比都度量了对国家决策影响的地理效应，因此两者高度相关。我们尤其关注 CBRO 国家，因为许多单一税改革发生在原苏联地区或前南斯拉夫这两类前社会主义国家。这些国家大多位于中东欧，属于 CBRO 国家类别。这也被显著为正的 CBRO 国家虚拟变量系数进一步证实。除税收模仿机制外，还可以从政治经济学的角度来解释单一所得税在 CBRO 国家蔓延的原因。对于那些从计划经济转型为市场经济的国家，单一税的实行往往伴随着政府的根本性变革，如 1992 年爱沙尼亚明显自由化的政府、2000 年弗拉基米尔·普京的选举、2003 年格鲁吉亚的罗斯革命，以及 2004 年罗马尼亚的联合政府选举（Kenn et al.，2008）。因此，这些国家通过低税率政策转型来迎合市场化经济转变的目标。我们还可以看到，加入区域的虚拟变量后，农业产出份额及政党倾向依然显著为负。

5.3.4　采用单一税：空间久期分析

使用已采用该税的邻国占比度量毗邻效应是标准办法。估计结果取决于该区域如何分割，以及如何计数已采用该税的邻国（如按相对值还是绝对值）。此外，这种标准方法只能获取可观测变量的溢出效应，即只考虑空间相关性中已采用单一税邻国的这一个方面。然而，邻国之间的空间相关性很可能是由税收模仿以外的一些因素引起的，如贸易竞争、经济性的全球普遍影响和类似的历史和文化传统，因此毗邻效应也可能存在于不可观测因素中。如果不控制不可观测因素中的空间相关性情况，标准（非空间）估计可能不准确，因为这违背了误差项的方差－协方差结构假设（Heagerty and Kurland，2001）。

因此，我们考虑使用更通用的空间久期模型：

$$h_i(t, X_{it}) = h_0(t) \exp[\beta_0 + X'_{i(t-a)}\beta + \rho W_i. F._{(t-a)} + U_i(s_i)] \qquad (5.4)$$

式（5.4）在式（5.3）的基础上增加了 $\rho W_i. F._{(t-a)}$ 和 $U_i(s_i)$ 两个变量。在第一个变量中，$W_i.$ 是预先设定的 $N \times N$ 阶空间权重矩阵 W_N（其中主对角线元素为零，N 为国家总数）的第 i 行；$F_{i(t-a)}$ 作为虚拟变量，表示国家 i 在 $t - a$ 年是否采用了单一所得税，如果采用则为 1，否则为 0。定义 $F._{(t-a)} = (F_{1(t-a)}, \cdots, F_{N(t-a)})'$。$W_i. F._{(t-a)}$ 通常称为空间滞后变量（$SLAG$）。由于 $W_i.$ 的对角线元素为 0，空间滞后变量实际上是除去国家 i 本身的其他采用单一所得税制国家的总和，总和取决于 $W_i.$ 的非对角线元素。通过使用不同的权重矩阵，我们可以用多种方式定义"邻国"。这个滞后变量的系数 ρ 度量了税收模仿。第二个变量中，s_i 表示国家 i 的空间位置，$U_i(s_i)$ 为国家具体的个体效应的空间弱质。与标准面板数据模型中的个体效应不同，U_i 也度量了个体之间的相关关系，从而考察了不可观测变量的空间相关性。此外，我们假设 U_i 是均值为零的二阶静态过程（如标准空间弱质模型），即对于任何 $i \neq j$，满足 $E[U_i(s_i)] = 0$、$\mathrm{Var}[U_i(s_i)] = \sigma^2$ 并且 $\mathrm{Cov}[U_i(s_i), U_j(s_j)] = \sigma^2 \phi(s_i, s_j; \phi)$，其中 $\varphi(s_i, s_j; \phi) = \exp\left(\dfrac{-|s_i - s_j|}{\phi}\right)$ 刻画了基于各国间距离控制变量 ϕ 的个体效应相关关系，并且这种相关关系随着国家间地理距离的增加而递减。

和标准久期模型相比，空间久期模型至少有两个优点。第一，空间久期模型对邻国的分析方式更灵活。例如，我们可以关注接壤国家之间的依赖性，因为标尺竞争问题在这些国家中表现得最为突出；或者我们可以设定随着地理距离的增加，依赖关系会下降，从而邻国的影响在地理上有所不同。这样我们可以避免得出针对特别方案敏感的毗邻效应的结论。第二，它涵盖国家特定的个人效应 U_i，其中包括了国家规模、历史和文化因素等这些可能影响单一税改革的不随时间变化的特征，从而减少遗漏变量偏误。允许各 U_i 的异质性在空间上相关，从而在一定程度上考察了不可观测变量之间的空间相关关系。

　　由于传统的最大似然估计法不能产生闭合解，为估计空间久期模型式（5.4），我们采用了贝叶斯方法。我们对回归系数给定正态先验分布密度，并假设超参数 σ^2 和 ϕ 的先验分布分别是逆伽马和伽马函数。通过得出的条件似然值和后验分布，我们采用马尔科夫链蒙特卡洛方法（MCMC）与 Metropolis-Hastings 算法进行估计。我们通过两个单独的 MCMC 链进行 12000 次迭代，每个链都设定一个不同的初始值。两条链最后 6000 次迭代合并用于后验分析。Gelman-Rubin 诊断图显示所有参数都是收敛的。[①] 对于邻域权重矩阵所有 $i \neq j$ 的非对角线元素 w_{ij}，如果国家 i 和国家 j 共享共同边界则为 1，否则为 0。对于距离权重矩阵所有 $i \neq j$ 的非对角线元素 $w_{ij} = \dfrac{d_{ij}^{-2}}{\sum_{j=1}^{N} d_{ij}^{-2}}$，其中 d_{ij} 表示国家 i 和国家 j 之间的地理距离。为便于解释，这些权重矩阵均是行标准化的，这在空间交互模型中很常用。

　　表 5–8 给出了使用邻域权重矩阵得出的空间久期模型的估计结果。需要注意的是，表 5–8 在括号中报告的是后百分位数，而不是如表 5–7 中通常报告的 t 检验结果。由于式（5.4）的贝叶斯估计结果没有明确的渐近性，因此通常的 t 检验对系数推导没有意义。表 5–8 的估计结果进一步证实了表 5–7 的结果，即毗邻效应和执政党倾向在采用税制决策中起重要作用。特别是，从表 5–8 第（6）列空间滞后变量（$\hat{\rho}$）的估计系数可以看出，如果一个国家有 5 个有共同边界的邻国，每多一个邻国采用单一所得税会增加本国采用该政策的 188%（$\approx e^{\frac{1}{5} \times 5.2972} - 1$）的相对风险率。此外，更低的制度质量以及参与 IMF 贷款方案的国家更倾向采用单一税，但在结合其他变量时这两个因素的影响不再显著。

　　表 5–9 使用距离权重矩阵进一步检验结果的稳健性。总体来看，结果在性质上与使用邻域权重矩阵的结果相同；而在数值上，基于距离权重矩阵得出的税收模仿效应（由 ρ 度量）比基于邻域权重矩阵得出的结果更强。这表明，一国税收决策不仅受邻国的影响，而且还受到广泛地域范围内的战略互动影响。

---

　　① 更多估值细节参见奇泽克等（2017）的研究。这里主要关注地理空间相关性，并考虑基于邻域和基于地理距离的两个空间权重矩阵。

表5-8			采用方程：空间久期模型（邻域权重矩阵）				
变量	（1）	（2）	（3）	（4）	（5）	（6）	（7）
GDPPC	-1.1359 [-1.4394, -0.7844]	-1.5087 [-1.8795, -1.1485]	-1.8030 [-1.4175, -0.7490]	-1.1510 [-1.4973, -0.8424]	-0.8269 [-1.1717, -0.4865]	-1.3160 [-1.7731, -0.8761]	-1.1430 [-1.4198, -0.5924]
SAGRI	-0.6287 [-2.2872, 0.9854]	-1.8556 [-3.4678, -0.2425]	-1.3890 [-2.7680, 0.7122]	-0.7857 [-2.4852, 0.8511]	-0.1436 [-1.8705, 1.6117]	-1.5849 [-3.2856, 0.0947]	-0.8212 [-2.5550, 0.9188]
OPEN	0.8678 [0.1408, 1.5378]	0.8116 [0.0576, 1.5178]	0.8008 [0.0767, 1.5324]	0.8137 [0.1238, 1.4862]	0.8802 [0.1653, 1.5742]	0.9157 [0.0805, 1.7024]	0.9580 [0.1914, 1.7196]
SLAG		5.1500 [4.0820, 6.2198]				5.2972 [4.1971, 6.5143]	
INST			-0.3408 [-0.7880, 0.1198]			-0.1304 [-0.6694, 0.3882]	-0.4231 [-0.9036, 0.0626]
IMF				0.3537 [-0.3462, 1.0436]		0.6242 [-0.1526, 1.3753]	0.2559 [-0.4618, 0.9817]
PORIENT					-0.8722 [-1.2544, -0.4599]	-0.7798 [-1.1693, -0.3671]	-0.7468 [-1.1510, -0.3330]
CBRO							1.2833 [0.5000, 2.1045]
其他地区虚拟变量	N	N	N	N	N	N	Y

注：（1）括号内的数值是参数后验均值的95%百分位数。

（2）时间固定效应不包括在空间久期模型中，因为它们与分段恒定的基准风险率共线。

（3）由于农业数据完全缺失，三个国家（阿鲁巴、海地和卡塔尔）从原始样本中删除。

表 5-9　　　　　　　　　采用方程：空间久期模型（距离权重矩阵）

变量	（1）	（2）	（3）	（4）	（5）	（6）	（7）
GDPPC	-1.1026 [-1.4854, -0.7453]	-2.0250 [-2.3777, -1.6411]	-1.0783 [-1.4308, -0.7112]	-1.1543 [-1.4757, -0.8290]	-0.8574 [-1.2315, -0.5091]	-1.9036 [-2.3508, -1.4265]	-0.9691 [-1.4126, -0.5664]
SAGRI	-0.5760 [-2.1952, 1.1355]	-0.8098 [-2.4360, 0.8072]	-1.0613 [-2.7880, 0.6421]	-0.7788 [-2.5137, 0.8540]	-0.1901 [-1.9434, 1.5820]	-0.8511 [-2.5799, 0.8226]	-0.3661 [-2.6398, 0.9233]
OPEN	0.8317 [0.1144, 1.5398]	0.4529 [-0.2705, 1.2072]	0.7844 [0.0774, 1.4083]	0.8637 [0.1574, 1.5301]	0.9345 [0.2127, 1.6115]	0.5587 [-0.2862, 1.4211]	0.9048 [0.0840, 1.7184]
SLAG		9.6976 [8.3666, 11.0778]				9.6766 [8.2018, 11.1115]	
INST			-0.3381 [-0.8219, 0.1175]			-0.1747 [-0.6900, 0.3481]	-0.4278 [-0.9152, 0.0903]
IMF				0.3586 [-0.3584, 1.0635]		0.6721 [-0.1642, 1.5126]	0.2583 [-0.4808, 0.9834]
PORIENT					-0.8591 [-1.2546, -0.4346]	-0.4899 [-0.9289, -0.0503]	-0.7416 [-1.1496, -0.3213]
CBRO							1.2962 [0.5401, 2.1184]
其他 地区 虚拟 变量	N	N	N	N	N	N	Y

注：（1）括号内的数值是参数后验均值的95%后百分位数。

（2）时间固定效应不包括在空间久期模型中，因为它们与分段恒定的基准风险率共线。

（3）由于农业数据完全缺失，三个国家（阿鲁巴、海地和卡塔尔）从原始样本中剔除。

5.3.5　估计结果的解释

三个久期模型（一个标准久期模型和两个空间久期模型）的估计结果通常是一致的。它们指出了关于第 5.3.2 节提到的四个潜在原因的几个主要结论。

第一，国家在税收政策上具有税收模仿性。当同区域的其他国家已采用单一税，本国采用同样税收政策的概率会提升，这可能反映了各国观察并效仿其他国家成功案例的理性学习行为。此外，这种地域特性的影响也可能是标尺竞争的结果，因为本地的投票人会与邻国的政策作比较，从而判断本国政策制定者的意向。同时，布朗金等（Blumkin et al.，2011）发现，在全球化的世界经济背景中劳动力流动性增大，这种标尺竞争将会更加激化。由于移民劳动力的存在，对于战略竞争对手来说一致转型为单一税制是明智的，尤其是在考虑到行政费用时更是如此。然而，我们无法确定税收模仿的来源。

第二，采用单一所得税与政府右倾化的社会偏好正相关。左特曼等（Zoutman et al.，2013）对我们稳健的估计结果提供了理论支持，他们指出单一税收会破坏社会福利，尤其是社会偏好左倾化的国家。由于罗尔斯政府赞成非线性的税收制度，所以在使用单一税时会比功利主义政府更加严格。因此，社会偏好右倾化的功利主义政府在转型单一税制的过程中福利损失更低，并且政府间该税制蔓延更加迅速。

第三，IMF 贷款计划的引入会提高一个国家采用单一税的可能性，但只在标准久期模型中单独考虑时其影响才是显著的。这可能是因为几乎所有采用该税的发展中国家都加入了 IMF 贷款项目且需要单一税制转型。

第四，制度质量较低的国家更有可能采用单一税制。这是因为制度质量环境较差的国家，政府很难严格执行征税，尤其是针对富人，因此这些国家的逃税现象更为普遍。由于单一所得税在避免逃税方面，尤其针对高收入等级分配群体是很有效的，制度质量低的政府倾向通过转型为单一税制来提高税收合规性。尽管制度质量可能会影响采用税制的决策，但制度效应主要还是受到税收模仿和政府社会偏好的影响。

5.4　收入方程：系统 GMM 方法

为了检验单一所得税对税收收入的影响，考虑以下收入方程：

$$r_{it} = \alpha_r r_{it-1} + \beta_F F_{it} + \beta_Y' Y_{it} + \beta_Z' Z_{it} + \lambda_t + u_i + \varepsilon_{it} \tag{5.5}$$

其中，r_{it} 指国家 i 在时间 t 的税收收入占 GDP 比重的对数；ε_{it} 是误差项；[1] F_{it} 仍为刻画是否采用单一税制的虚拟变量；Y_{it} 包含目前税务努力文献中的标准变量，即：

$$Y_{it} = (GDPPC_{it}, SAGRI_{it}, OPEN_{it}, FED_{it})'$$

其中，FED 是联邦政府虚拟变量，且永远存在于模型中；Z_{it} 是其他辅助控制变量，具体元素主要取决于所选范围。这些辅助控制变量包括前面提到的除税收模仿外的驱动因素。此外，我们还控制了资源财富、人口数量和人口特征。资源财富（RES）[2] 预计将提高政府收入，如一些海湾国家（Keen and Lockwood，2010）。由于没有关于资源财富总量的面板数据，我们使用世界银行（2006）报告的 2000 年资源财富中底土资源（石油和矿产）的横截面数据作为替代；使用人口总数的对数（$LPOP$）以控制国家规模。我们参照基恩和洛克伍德（2010）的研究，加入两个关于人口特征的变量：14 岁及以下人口数量占比（$POP14$）和 65 岁及以上人口数量占比（$POP65$）。处于这两个年龄段的人群无法进入劳动力市场，因而需要更多的税收支持。例如，罗德里克（1998）发现税率随老年人口的增加而上升。参数 u_i 和 λ_t 分别表示个体固定效应和时间固定效应。

在估计式（5.5）时可能会产生一些计量上的问题。第一，国家特定效应（如地理和人口特征）可能与解释变量相关。第二，因变量的一阶滞后项 r_{it-1} 可能引起内生性问题。第三，采用单一税与税收收入之间有潜在

---

[1]　我们采集的税收收入数据是指在统一的一般政府级别征收的税收，但在一般政府数据缺失的情况下采用统一的中央政府数据。

[2]　我们没有考虑资源财富因素，是因为目前没有文献支持资源效应对税制决策影响的证据。然而，大量的文献指出资源丰富与制度质量之间的关系（如 Ji et al.，2013），这可能意味着资源财富间接影响税制采用决策。这超出了我们研究的范围。

的逆向因果关系，也可能导致内生性。为了解决上述问题，我们使用布伦德尔和邦德（1998）设计的系统 GMM 估计，它将差分方程与水平方程结合在一起作为一个方程系统，从而避免了被解释变量的滞后项与被解释变量的差分项相关性弱导致的弱工具变量问题。

虽然系统 GMM 相比差分 GMM（Arrellano and Bond，1991）提高了估计的效率，但它使用更多工具变量，当工具变量大于国家数时，汉森（Hansen）的 J 检验结果可能较弱（Andersen and Sorensen，1996；Bowsher，2002），这可能是因为某些过度识别约束不成立。鲁德曼（Roodman，2009）还发现，在有限样本中过多工具变量的使用可能得不到有效估计。为了减少工具变量的个数，我们使用折叠式工具变量，这种"折叠技术"将工具变量合并为更小的集合，在保留更多信息的同时最大限度地减少滞后项损失。我们把税收收入的滞后项和是否采用单一税虚拟变量视为内生变量，其余变量视为外生变量。

表 5 - 10 给出了收入方程的系统 GMM 估计结果。表 5 - 10 第（1）列以估计基本税收努力方程作为基准模型，另外还包括了被解释变量滞后项、单一所得税虚拟变量、联邦政府虚拟变量和时间虚拟变量。被解释变量的滞后项显著为正，表明存在很强的国家依赖。我们关注单一所得税虚拟变量所起的作用，但发现它在基准模型中的结果并不显著。在税收努力文献的标准变量中，只有人均 GDP 的对数有正效应，显然一个更富有的国家可以征收更多的税收收入。在表 5 - 10 第（2）列中，我们加入了辅助控制变量，在控制这些变量后，被解释变量的滞后项的显著性和正效应不受影响，但人均 GDP 的对数变得更不显著。单一税制的虚拟变量依旧不显著。除了资源财富外，所有控制变量对税收收入的影响均不显著。政府通过税收获得了自然资源产生的大部分租金，这解释了资源财富对税收收入产生正效应。

表 5 - 10　　　　　　　　　　收入方程：系统 GMM 估计

变量	（1）	（2）	（3）	（4）
税收收入滞后项	0.7234 *** (0.117)	0.8154 *** (0.146)	0.6071 *** (0.175)	0.6852 *** (0.173)
GDPPC	0.1349 ** (0.059)	0.0411 (0.055)	0.2086 ** (0.104)	0.1269 (0.078)

变量	（1）	（2）	（3）	（4）
SAGRI	0.0015 （0.001）	0.0009 （0.001）	0.0045 * （0.002）	0.0033 * （0.002）
OPEN	0.0000 （0.000）	－ 0.0001 （0.000）	0.0000 （0.000）	－ 0.0001 （0.000）
F	0.0005 （0.017）	－ 0.0008 （0.015）	0.7602 *** （0.267）	0.5022 ** （0.205）
FED	－ 0.0045 （0.011）	0.0060 （0.008）	－ 0.0103 （0.016）	0.0041 （0.011）
INST	0.0079 （0.008）	0.0142 （0.013）	0.0084 （0.011）	
IMF		－ 0.0059 （0.007）		－ 0.0144 （0.011）
PORIENT		0.0032 （0.002）		0.0056 ** （0.003）
LPOP		－ 0.0067 （0.007）		－ 0.0083 （0.012）
POP14		0.0004 （0.001）		0.0008 （0.002）
POP65		0.0030 （0.003）		0.0041 （0.004）
RES		0.0012 * （0.001）		0.0024 * （0.001）
F × GDPPC			－ 0.5954 *** （0.192）	－ 0.4178 ** （0.166）
F × SAGRI			－ 0.0156 * （0.008）	－ 0.0092 * （0.005）
F × OPEN			－ 0.0006 （0.001）	－ 0.0003 （0.001）
F × FED			0.1210 （0.088）	0.1050 （0.071）
F × INST			0.1067 ** （0.053）	0.0805 * （0.041）
工具变量个数	57	59	59	64
Hansen 检验 p 值	0.529	0.609	0.909	0.645

注：（1）括号内的数值为聚类稳健标准差。

（2）*** 、** 和 * 分别表示在 1%、5% 和 10% 水平上显著。

表 5 – 10 的估计结果似乎意味着采用单一所得税对税收收入没有影响，但我们应谨慎作出这个结论。一方面，因为从高收入群体获得的税收收入下降，该税制对税收收入产生负面影响；另一方面，采用单一所得税可以减少逃税现象并增加税收执法力度扩大税基，从而增加税收收入。因此，税收收入净效益无法辨别，标准税收努力方程不能完全反映单一所得税的作用，它可能随国家特征而改变，包括自然财富、影子经济规模、开放程度、联邦政府结构以及制度质量等。为了涵盖跨国异质性，我们加入交互项对原模型进行扩展：

$$r_{it} = \alpha_r r_{it-1} + \beta_F F_{it} + \beta'_Y Y_{it} + \beta'_Z Z_{it} + \beta'_X X_{it} + \lambda_t + u_i + \varepsilon_{it} \qquad (5.6)$$

其中，

$$X = (F \times GDPPC, F \times SAGRI, F \times OPEN, F \times FED, F \times INST)'$$

表 5 – 10 第（3）列和第（4）列展示了交互项的估计结果。结果显示，无论辅助变量是否被控制，加入交互项后单一税虚拟变量对税收收入都有显著为正的影响，且这种作用是非线性的，正如 $F \times GDPPC$、$F \times SAGRI$ 和 $F \times INST$ 交互项显著的结果所示。其中，与人均 GDP 对数负的交互作用表明，越发达的经济体采用单一税的收益越低，这是因为发达国家的收入结构更加完善。从 $F \times SAGRI$ 的负值系数可以看出，采用单一税也与农业社会税收下降有关。另外，我们看到，如果国家的制度素质较好，采用单一税也可以增加税收收入。如前面所述，低的税收合规性（较大的影子经济规模）通常与制度不够完善相关。在脆弱的制度背景下，由于正规部门的收益仍然偏低，并且逃税成本难以调整，个人所得税率下调和税收结构简化（减少税收层级和去掉税收减免）可能依然无法大幅缩减影子经济规模。因此，治理不善社会的税制改革不能提高税收收入的表现。值得注意的是，F 项及其最显著的 $F \times GDPPC$ 交互项系数符号相反，说明采用单一税的总体效果较弱，这解释了式（5.5）［表 5 – 10 第（1）列和第（2）列］中的虚拟变量的整体效应较弱。关于其他控制变量，加入交互项后执政党取向与税收收入显著相关。左派执政党有更强烈的收入再分配动机，他们会通过收取更多税收以支持低收入群体，因此，社会偏好左倾化的政府在非线性税收制度下能更有效地征收税款。资源财富如预期所想能够适

度增加税收收入。在表5-10的最后，我们还报告了 Hansen 的 J 检验，其 p 值表明模型中所有工具变量都是有效的。

5.5 结 论

虽然近年来单一税作为最重要的税收改革之一已在世界各地蔓延，但其在学术文献研究中受关注较少。我们利用 75 个发展中工业化国家 1990～2011 年的面板数据，考察了单一税制的影响因素及收入结果。

采用方程的结果证明，国家在税收政策上具有模仿性，这意味着当同区域的其他国家已采用单一税并且政府的社会偏好右倾化时，该国更倾向采用单一税。此外，我们还发现，制度质量较低或引入 IMF 贷款计划的国家更有可能采用单一税，但税收决策主要还是受税收模仿和政府社会偏好的影响。采用单一税的税收收入结果是非线性的。如果一个国家收入相对较低、农业规模较小、制度质量较高，那采用单一税能提高税收收入。

本章的研究可以在以下三个方面进一步拓展。第一，可以加入更多的政治变量，以考察国家的政治体系对采用单一所得税决策和税收收入的作用。例如，研究国家机构体系模式（议会制或总统制）是否会影响单一税决策。此外，单一税改革通常紧随选举年度后发生。对于强调公平的西方国家来说，引入单一税并取消个人税收抵免和扣除是很困难的。第二，我们未将个人税收与税收收入区分开，这与单一所得税的改革有关。不难发现，单一税的改革通常是属于整个税收制度体系改革的一部分，因此只考虑采用单一税的影响效果难以估计。第三，当我们研究国际税收竞争（税收模仿）时，竞争的来源难以确定，因为它们生成的计量模型相同（Brueckner，2003）。我们今后将另作研究。

第6章 财政分割与美国犯罪率

——基于带有空间交互项 SAR 模型的研究

6.1 引 言

相邻司法管辖区犯罪率的差距是美国分散化提供公共安全服务最显著的特征之一。这引起了人们关于公共安全公平分配的担忧。然而，奥茨（Oates，1972）认为，在某些条件下，分权可以有效提供地方公共物品，如公共安全。因为确保生命、自由和财产是政府的根本责任，所以，研究美国分散化提供公共安全的公平与效率权衡的问题不仅仅是学术兴趣，还具有很强的政策重要性。[①] 本章研究了财政分割（FF）在美国各县犯罪率空间格局中的作用。据我们所知，这是首篇研究这个问题的文章。

为了更好地了解这一现象，本章建立了一个地方政府提供公共安全服务的简单模型。在这个模型中，FF 通过三个渠道影响公共安全的分散化供给：竞争效应（CE）、管辖权溢出效应（ISE）和蒂伯特（Tiebout）排序效应（TSE）。这些都是地方公共财政文献中著名的机制。例如，霍克斯比（Hoxby，2000）和内希巴（Nechyba，2003）提供了跨部门竞争对公共教育供给影响的证

[①] 根据美国宪法第十条修正案，各州在某些受限情况下，有权行使一般的警察权力，即各州有权在其管辖范围内执行行为约束和强制命令，用以改善居民健康、安全、道德和一般福利。各州经常进一步将权力下放给地方政府；因此，执法是美国联邦制度中地方政府的支出之一。

据；迈海（Mehay，1977）和哈基姆等（Hakim et al.，1979）研究了司法管辖权外溢对公共安全供给的影响；而班茨哈夫和沃尔什（Banzhaf and Walsh，2012）发现，环境设施的舒适度和不适度导致了蒂伯特模型中的"用脚投票"。

根据地方政府提供公共安全模型的预测，财政分割的竞争效应和管辖权溢出效应会增加公共安全的需求量；而财政分割的蒂伯特排序效应对公共安全需求量的影响不明确。理论模型预测，这三种机制对犯罪率的空间格局有以下影响：（1）财政分割降低了区域的犯罪总体水平；（2）财政分割增加了犯罪率的区域内差距；（3）由于蒂伯特排序效应和竞争效应与管辖权溢出效应的效应相反，财政分割对犯罪率的空间相关性具有不明确的影响。

由于财政分割降低了一个地区的总体犯罪水平，因此，分散化提供公共安全的效率明显提高。相比之下，财政分割增加了犯罪率的区域内差异，对公共安全分布的公平性产生了负面影响。换句话说，分散化提供公共安全可能导致司法管辖区之间的公共安全分配不公问题，这违背了社会公平准则。这两个主张意味着分散化提供公共安全存在公平与效率之间的权衡取舍。

我们使用 OLS 和两阶段最小二乘法（2SLS）来估计各种实证模型，结果与我们设计的政府提供公共安全的简单模型预测结果一致。我们用空间自回归（SAR）杜宾模型的改进估计量来实证性地确定财政分割的管辖权溢出效应和蒂伯特排序效应对犯罪率的空间分布。[①] 更具体地说，我们的空间自回归模型包括了乘积式的空间交互项，这使传统空间自回归估计模型的方法不适用于现在的情况。因此，我们建立了一个最大似然估计量（*MLE*），它使我们在估计包括空间交互项的模型参数时可以获得渐近一致的、有效的估计。

我们使用 1990 年、2000 年和 2010 年人口普查年份的大都市地区的样本数据估算这些模型。选择大都市地区数据是因为蒂伯特（1956）作出的

---

① 下面将作出更详细的讨论，在本章样本期间，县的数量几乎没有变化。因此，我们不能对一个同时包含财政分割和固定效应的竞争效应模型作出估计。

假设——家庭的收入与位置无关。[1] 适用于这个假设的大都市地区，主要
是那些具有众多通勤距离近且竞争激烈辖区的中央商务区和其他就业中
心。分散化提供公共安全确实存在公平—效率的权衡问题，我们为此提供
了强有力的实证支持。在稳健性检验部分，我们还使用 1990 年、2000 年
和 2010 年人口普查年份的本土 48 个州的下属县级面板数据估计了实证模
型，并且也获得了类似的结果。

　　本章对现有文献做出了一些贡献。第一，扩大了现有财政分权文献
的分析范围，如德雷埃尔和费舍尔（Dreher and Fischer，2010）研究了
FF 对犯罪率空间分布的影响。第二，为犯罪空间格局的文献作出贡献，
如帕塔基尼和泽努（Patacchini and Zenou，2007）的研究。本章建立了
一个简单的理论模型来展示 FF 如何影响司法管辖区下属区域的犯罪率，
以及犯罪率在这些地区的空间分布。本章使用大都市地区和州的县级面
板数据进行了一些估计，来检验模型的理论预测。第三，对空间计量经
济学文献作出了宝贵的贡献。本章建立了一个具有乘积式空间交叉项的
改进 SAR 模型，这个估计量可能在估计政策影响的空间格局方面很
有用。

6.2　分散化提供公共安全的理论模型

　　下面将介绍地方政府提供公共安全的一个模型。该模型描述了 FF 影
响公共安全空间分布的三种潜在机制，即 CE、ISE 和 TSE。

　　我们首先假设司法管辖区域 j 中的公共安全级别 PS_j 与辖区 j 中的犯罪
率 CR_j 成反比，或 $PS_j = 1 - CR_j$。我们进一步假设公共安全是当地的公共物
品。因此，管辖区的每一居民都享有相同的公共安全级别。同时，司法管
辖区在提供公共安全时，使中等收入家庭在中等收入家庭预算约束条件下

---

[1]　更具体地说，蒂伯特（1956）认为："这里没有考虑由于就业机会而产生的限制。并且可
以假设所有人都分享股息。"霍克斯比（2000）也假定蒂伯特过程适用于大都市地区，"这是由于
人口普查的定义都基于实际的通勤行为"。特别地，卡伦和莱维特（Cullen and Levitt，1999）表
明，由于对犯罪率的选择而迁移的家庭很可能留在标准大都会统计区（SMSA）内。

的效用最大化，同时还应满足管辖区的预算平衡约束。

假设中等收入家庭对公共安全的需求由以下表达式给出：

$$PS_j^D = 1 - CR_j^D = D(P_j, P_0, I_j) \tag{6.1}$$

其中，P_j 是公共安全的税收价格；P_0 是同质私人物品的价格；I_j 是司法管辖区 j 家庭收入的中位数。我们假设公共安全的需求曲线向下倾斜，且为正常商品。私人财产被认为是在司法管辖区之间的完全竞争市场中自由交易的一般货币性商品。商品的价格在所有司法管辖区内标准化为 1。最后，按照蒂伯特（1956）的经典假设，每个家庭都能获得股息收入，收入的大小独立于家庭选择居住的司法管辖区。

假设司法管辖区 j 内公共安全供给的人均成本由以下表达式给出：

$$P_j = \frac{C_j}{H_j} = C[H_j, F(I_j, P_{-j})]H_j^{-1} \tag{6.2}$$

司法管辖区提供公共安全的总成本 C_j 是 H_j 和 $F(\cdot)$ 的函数，分别代表管辖区 j 的居民数量和管辖区 j 内居民的倾向。进一步假设公共安全供给的人均成本曲线呈"U"型。期初，由于提供一定水平公共安全服务的固定成本由许多居民分摊，人均成本会下降。当 H_j 超过一个阈值（计为 H^*）时，由于存在拥挤成本，提供给定公共安全水平的平均人均成本开始增加。管辖区为提供公共安全收取的人头税应该等于提供公共安全的人均成本，即 $P_j = \frac{C_j}{H_j}$。

本章假设司法管辖区居民的犯罪倾向是区域内收入中位数的递减函数，用 $F(\cdot)$ 表示。这个假设与贝克尔（Becker, 1968）的直觉一致，他认为犯罪的机会成本是家庭收入的正向函数。本章还假定管辖区居民的犯罪倾向是邻近司法管辖区对公共安全支出 P_{-j} 的反向函数，其中 $-j$ 表示管辖区 j 的邻近区域。换句话说，邻近司法管辖区的公共安全支出对辖区 j 有溢出效应。

将式（6.2）代入式（6.1），得到新的简化后的表达式：

$$PS_j^D = D\left[\frac{C_j(H_j, I_j, P_{-j})}{H_j}, P_0, I_j\right] \tag{6.3}$$

均衡状况下，式（6.3）中的税收价格等于公共物品的供给和需求价格，即：

$$P_j^e : PS_j^S = PS_j^D$$

现在，根据分析目的假设一个地区由一个管辖区组成，居住在这一辖区 j 的住户数量超过了最小化公共安全供给人均成本时的住户数量，即 $H_j > H^*$。将式（6.3）对于区域内的司法管辖区数目 N 求偏导，结果显然反映了财政分割的程度，得到以下表达式：

$$\frac{\partial PS_j^e}{\partial N} = \left(\frac{\partial D(\cdot)}{\partial P_j} \left[\left(\frac{\partial C_j}{\partial H_j} - \frac{C_j}{H_j} \right) \cdot \frac{\partial H_j}{\partial N} \right] H_j^{-1} \right)$$
$$+ \left(\frac{\partial D(\cdot)}{\partial P_j} \left[\frac{\partial C_j}{\partial P_{-j}} \cdot \frac{\partial P_{-j}}{\partial N} \right] H_j^{-1} \right)$$
$$+ \left(\frac{\partial D(\cdot)}{\partial P_j} \left[\frac{\partial C_j}{\partial I_j} \cdot \frac{\partial I_j}{\partial N} \right] H_j^{-1} + \frac{\partial D(\cdot)}{\partial I_j} \cdot \frac{\partial I_j}{\partial N} \right) \quad (6.4)$$

式（6.4）右侧的第一、第二和第三个方括号分别为财政分割的 CE、ISE 和 TSE。下面的论述将围绕这三个推导出的代数表达式展开。

显然，当一个人口固定的地区被细分为多个司法管辖区时，每一个司法管辖区的居民人数就会减少。正如本章所说，司法管辖区的竞争效应对公共安全水平的提高有积极的影响。只要 $H_j > H^*$，提供公共安全的人均边际成本 $\frac{\partial C_j}{\partial H_j}$ 就超过公共安全供给的人均成本 $\frac{C_j}{H_j}$，且式（6.4）等号右侧第一个方括号中的代数式与公共安全的税费负相关。由于需求曲线向下倾斜，竞争效应对辖区 j 的中等收入家庭的公共安全需求量有正向的影响。[①]

关于财政分割的管辖权溢出效应，邻近区域的公共安全支出降低了本司法管辖区的犯罪率。这种正向的溢出效应，可以降低司法管辖区 j 在给定公共安全供给水平时的税收价格，并对公共安全的需求量产生积极影响，这同样是需求曲线向下倾斜造成的。

财政分割的蒂伯特排序效应对公共安全的需求量有不明确的影响。显

---

① 我们也可以想到，财政分割的竞争效应迫使司法管辖区的供给更接近最低成本边界。或者，FF 可以使司法管辖区对居民关于公共安全的品味和偏好更加敏感。但是，关于竞争效应的这两种解释很难在一个简单的地方政府模型中识别出来。

然，FF 允许家庭根据公共安全的需求排序，或者在本章的模型中将相同的物品按收入排序。这种排序过程使家庭揭示了其对公共安全的需求，这是蒂伯特假说的核心机制。因此，财政分割的 TSE 允许多种管辖区的形成，而它们的建立依据的是家庭对公共安全需求的异质性。一些由此产生的司法管辖区的家庭收入中位数将大于原来的司法管辖区，而另一些则相反。为了了解财政分割的蒂伯特排序效应的影响，我们必须考虑这两种情况。

我们从家庭收入中位数大于原来管辖区的情况开始。根据假设，由于家庭收入中位数上升，管辖区居民的犯罪倾向会降低，从而在中等收入较高的管辖区内提供给定公共安全水平的税费会降低。由于需求曲线向下倾斜且公共安全是正常商品，蒂伯特排序效应的第一、第二项影响都是正向的。

现在考虑新产生的司法管辖区的家庭收入中位数低于原来的情况。在这种情况下，相对于原有管辖区，居民在这些管辖区的犯罪倾向增加。因此，在这些司法管辖区内提供一定水平的公共安全的税收价格将增加。现在，TSE 的第一、第二项影响是负向的，也即财政分割的 TSE 对公共安全需求量有负面影响。

由于这两种情况对公共安全需求量产生了相反的影响，因此无法预测FF 的 TSE 如何影响该地区公共安全需求。它取决于家庭究竟如何与司法管辖区融合，这显然是一个存在路径依赖的过程。因此，我们得出结论：财政分割的 TSE 对该地区公共安全需求量的影响尚不明确。

总而言之，财政分割的 CE 和 ISE 对公共安全需求量有正面影响；而TSE 的影响还不明确。基于对这三种机制影响的假设，本章得出如下可证明的假说。

命题 6.1：财政分割提高了地区的公共安全水平。

证明：总的来说，地区 j（如大都市区或州）的公共安全等于该地区所有 N 个管辖区公共安全的（加权）总和，或记为 $\sum_{i=1}^{N} \frac{H_{ij}}{H_j} \cdot PS_{ij}^{e}$，$H_j = \sum_{i=1}^{N} H_{ij}$。假设财政分割使司法管辖区的数量增加了 ΔN。那么，FF 对区域 j 公共安全的总体水平影响如下：

$$\frac{1}{H_j}\sum_{i=1}^{N+\Delta N}\left(H_j-\Delta H_{ij}\right)\Delta PS_{ij}^{e} \tag{6.5}$$

因为 $\dfrac{H_j-\Delta H_{ij}}{H_j}>0$，本章主要讨论 ΔPS_{ij}^{e} 的符号，它可以近似为 $\dfrac{\partial PS_{ij}^{e}}{\partial N}$ ·

ΔN。根据式（6.4），等号右侧的前两项，即 CE 和 ISE，都分别为正。而第三项 TSE 可能会对每个管辖区的犯罪率产生不同影响。既然我们假设家庭收入与管辖区的选择无关，那么当他们搬到另一个司法管辖区时，犯罪倾向不会改变。换句话说，蒂伯特排序效应并不会改变总的犯罪率。因此，财政分割对一个地区的公共安全水平有正向影响。

命题 6.2：财政分割增加了司法管辖区之间犯罪率的差异。

证明：假设区域政府在统一的税收价格水平上为所有居民提供公共安全。在这种情况下，整个区域内部的公共安全水平几乎没有变化。现在，FF 允许居民按照家庭收入进行排序，在本章的简单模型中，相当于家庭按照公共安全的需求量排序。那么，一些司法管辖区的家庭收入中位数较低，犯罪率就相对较高；而有些司法管辖区家庭收入中位数较高，犯罪率就相对较低。因此，财政分割的蒂伯特排序效应增加了司法管辖区之间犯罪率的差距。

财政分割的竞争效应使司法管辖的供给更接近最低成本曲线，从而减少了一个地区所有司法管辖区的犯罪率。假设公共安全产生于一项共同技术，那么竞争效应对犯罪率区域间差异的影响应该可以忽略不计。公共安全供给的财政分割的溢出效应会导致司法管辖区之间的犯罪率趋同；因此，ISE 减少了地区之间的犯罪率差异。然而，由于犯罪活动往往是发生在本地的（Chioda，2016；Shaw，2001），ISE 也应该很小。因此本章推测，FF 的综合影响应该是增加了一个地区内司法管辖区之间犯罪率的差异。

命题 6.3：财政分割对犯罪率的空间相关性有不明确的影响。

证明：如上所示，财政分割的竞争效应和溢出效应均降低了邻近司法管辖区的犯罪率。这两个机制的综合效应使财政分割对司法管辖区的空间相关性产生了正向影响。蒂伯特排序效应提高了一些司法管辖区的公共安全水平，同时也降低了一些司法管辖区的公共安全水平。因此，TSE 使司法管辖区的犯罪率呈现空间负相关。FF 对司法管辖区间犯罪率空间相关性的总体影响，取决于在这两个相反的效应中哪一个占主导地位。总之，FF对相邻司法管辖区犯罪率空间相关性的影响是一个经验问题。

本章的其余部分将集中对这三个命题进行实证检验。

6.3 样本数据

本节将对数据以及样本和变量的构造进行描述；然后给出一些作为本章实证研究动机的典型化事实。

6.3.1 样本和变量的构造

如前所述，蒂伯特的假设适用于大都市地区。因此，本章使用的县级数据来源于美国大都市地区 1990 年、2000 年和 2010 年的人口普查样本，以此来验证本章关于地方政府提供公共安全模型的预测结果。①

本章使用 2013 年美国国家卫生统计中心（NCHS）城乡分类计划，建立大都市区样本。大都市统计区域（MSA）由居民人口规模定义，这来源于 2012 年 7 月 1 日人口普查后的数据。该计划将所有大都市区和非大都市区的县分为六类：大型中心都市区（MSA 人口 100 万及以上）；大型边界都市区（人口 100 万及以上）；中等都市区（MSA 人口 250000 ~ 999999人）；小城市地区（MSA 人口 50000 ~ 250000 人）；市区；非核心区域。最后两个类别被定义为非大都市地区（人口少于 50000 人）。因此，我们使用目录中 1 ~ 4 类的县组成大都市区样本。在一个样本年度中，共包括 370个大都会区的 1067 个县。②

本章还在 1990 年、2000 年和 2010 年的人口普查年份对美国本土 48 个

① 由于县级某些人口变数只有在人口普查年度才能获得，所以我们选择使用人口普查年度建立面板数据。

② 根据 2013 年 NCHS 城乡分类计划，1167 个县分为 1 ~ 4 类。根据文献中的惯例，本章删除了哥伦比亚特区、阿拉斯加和夏威夷的 7 个县。本章也排除了康涅狄格州和罗得岛州，因为这两个州没有县级政府。最后，由于缺少关于犯罪率的数据和（或）缺少某些解释变量的数据，本章排除了样本中的 81 个县。

州的县级数据进行了稳健性检验。根据文献惯例，本章将阿拉斯加和夏威夷排除在外，因为这两个州与大陆相距很远，财政竞争不太可能对它们产生相同的作用力度。本章也将哥伦比亚特区从样本中排除，因为联邦政府以若干方式限制了该区的财政自主权。除此之外，康涅狄格州和罗得岛州不包括在样本中，因为这两个州没有县级政府。[①]

县级政府支出数据来自美国人口普查局的政府普查，犯罪率数据来自联邦调查局（FBI）发布的统一犯罪报告（UCR）。UCR 数据包括县级层面上七种类型的犯罪信息，这些罪行由于其性质或数量庞大而被看重，且进一步分为暴力犯罪和财产犯罪两类。暴力犯罪包括谋杀、强奸和抢劫；财产犯罪包括入室盗窃、一般盗窃、机动车盗窃和纵火。

本章还在实证模型中包含了一些控制变量，其中，县级教育程度、失业率及其他人口特征来自美国人口普查局的人口普查数据。由于美国人口普查每十年进行一次，所以我们用 1990 年、2000 年和 2010 年普查年份的数据构造了混合截面数据。表 6 - 1 给出了两个样本的描述性统计。

表 6 - 1　　　　　　　　　描述性统计

变量	样本			
	大都市 （观测值 = 3201）		州 （观测值 = 8949）	
	均值	标准差	均值	标准差
总犯罪率（每 100 人）	3.15	1.94	2.55	1.84
暴力犯罪率（每 100 人）	0.31	0.28	0.26	0.26
财产犯罪率（每 100 人）	2.84	1.73	2.29	1.65
总犯罪率方差	9.79	14.43	10.41	15.04
警务支出（1000 美元）	7207	36278	4334	27158
土地面积（平方英里）	79046	62621	82795	63580
县级数量（每 1000 平方英里）	1.82	1.02	1.41	0.70
人口数量（人）	140373	374160	84542	281382

[①]　根据 2013 年 NCHS 城乡分类计划，美国有 3147 个县和县级行政区划。样本中排除了哥伦比亚特区、阿拉斯加和夏威夷的 38 个县，以及康涅狄格州和罗得岛州的 13 个县。由于犯罪率和协变量的数据缺失，有 113 个县没有包括在样本中。最终本章的样本包含 2983 个县。

续表

变量	样本			
	大都市 （观测值 = 3201）		州 （观测值 = 8949）	
	均值	标准差	均值	标准差
18～24 岁人口比例	0.10	0.04	0.09	0.03
非洲裔人口比例	0.09	0.13	0.09	0.14
受高中及以上教育人口比例	0.78	0.10	0.77	0.10
失业率	0.07	0.03	0.07	0.03
人均收入（十万美元）	0.25	0.10	0.24	0.09
基尼系数	0.43	0.04	0.43	0.04

6.3.2　犯罪率空间分布的典型化事实

接下来我们将初步了解财政分割对各州犯罪率的潜在影响以及犯罪率的州内差异。

FF 对总体犯罪率的潜在影响如图 6-1 所示。图 6-1（a）显示，一个州每 1000 平方英里的县数量（也即对 FF 的衡量指标）与州总体犯罪率

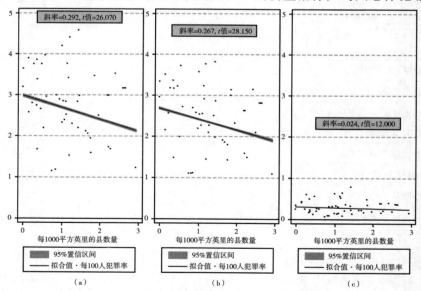

图 6-1　FF 与犯罪率之间的相关性（州）

之间存在负相关关系。这个发现与命题 6.1 一致，尤其说明 FF 降低了一个地区的总犯罪率。另外，如图 6-1（b）和图 6-1（c）所示，财产犯罪的反向关系比暴力犯罪强得多。由于犯罪性质不同，可以预期到 FF 对这两种不同类型的犯罪有不同的影响。由于暴力犯罪属于激情犯罪，因此，FF 对暴力犯罪的空间分布格局影响较小。相比之下，财产犯罪本质上是经济犯罪，因此，FF 对财产犯罪的水平以及空间分布格局影响较大。

图 6-2 显示了 FF 对犯罪率内部差异的潜在影响。图 6-2（a）显示了美国各州的 FF 与州内部犯罪率差异之间存在正相关关系，这与命题 6.2 一致。图 6-2（b）和图 6-2（c）表明，FF 与州内财产犯罪和暴力犯罪的差距都分别呈现正的相关性。

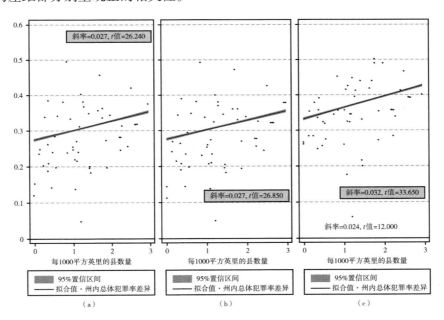

图 6-2 FF 与地区间犯罪率差异的相关性（州）

6.4 地区犯罪率和地区内犯罪率差距

本节将检验命题 6.1 和命题 6.2。更确切地说，本节将利用横截面变量数据研究 FF 对地区犯罪率和地区内犯罪率差异的影响。

6.4.1 财政分割对地区犯罪率的影响

本节首先在回归框架下验证命题 6.1。为此，遵循穆迪和马弗尔（Moody and Marvell，2010）的做法，对下式进行估计：

$$CR_{nstk} = \lambda_{0k} + \lambda_{1k} FF_{st} + X'_{nst} \beta_k + \beta_{kt} + \varepsilon_{nskt} \tag{6.6}$$

其中，下角标 $n(=1,\cdots,N)$ 表示不同的县；$s(=1,\cdots,S)$ 表示县所在的大都市区；t 表示年份（取值为 1990 年、2000 年和 2010 年）；k 表示犯罪的类型。

在式（6.6）中，FF_{st} 表示大都市地区和在时间 t 每 1000 平方英里县级政府的数量。式（6.6）中还纳入了社会经济特征向量，由 X'_{nst} 表示，包括大都市地区各县的社会经济特征、年轻人口（15～24 岁）所占比例、非洲裔人口比例、受高中及以上教育人口比例、失业率、该县人均收入（千美元）、该县收入分配的基尼系数、滞后一期的警力支出（千美元），以及衡量该地区城镇化水平的指标。

式（6.6）中还包含了年固定效应 β_{kt}，以控制可能影响地区犯罪率的不可观察的、随时间变化的总体冲击，如 20 世纪 90 年代的经济周期或因可卡因爆发造成的流行病。由于构成大都市区的县随着时间的推移非常稳定，所以不能在回归方程中同时包括 FF 的度量指标和县固定效应。因为 FF 是本研究的重点，我们放弃了估计县的固定效应。最后，假设误差项 ε_{nskt} 服从均值为零、方差 σ_k^2 有限的独立同分布。我们利用大都市地区 1067 个县的样本以及 1990 年、2000 年和 2010 年本土 48 个州的 2983 个县样本估计式（6.6）。

由于在这个时期大都市区（州）县的数量非常稳定，所以我们没有理由关注式（6.6）中 FF 的潜在内生性。然而，出于对反向因果的考虑，县警力支出可能是潜在的内生变量：高犯罪率可能导致警力支出增加。借鉴莱维特（2002）的做法，我们将消防支出作为潜在内生变量的工具变量。正如莱维特解释的那样，公共部门工会的力量、居民对政府服务的品味、居民对于采取行动举措的肯定以及政府取得战利品的政治动机等因素，应该共同影响消防支出和警力支出。由于消防支出与潜在内生变量相关，而与式（6.6）中的误差项无关，因此，它是公共安全模型中关于警察支出的一个有效工具变量。①

利用大都市地区数据的估计式（6.6）的回归系数报告在表 6-2 中。与图 6-1 展示的证据一致，FF_{st} 在一定水平上对总体犯罪率、财产犯罪率和暴力犯罪率具有显著的负向影响。具体而言，FF_{st} 一个标准差（1.02）的增加使（平均每十万人口）犯罪减少 123 起（平均而言，犯罪率为每十万人口 3150 起）。进一步看表 6-3 中关于两类罪行下各类型犯罪的结果，FF_{st} 对强奸、斗殴、盗窃、入室盗窃和机动车盗窃的影响在一定程度上也是负向的，且结果在统计上显著。然而，在谋杀和抢劫方面，FF_{st} 的系数在统计上不能显著异于 0。

表 6-2　　　　财政分割对犯罪率的影响（大都市地区，按犯罪类型分类）

变量	总体犯罪率			财产犯罪率		暴力犯罪率	
	OLS	OLS	IV	OLS	IV	OLS	IV
县级数量（每 1000 平方英里）	-0.191 ** (0.083)	-0.121 *** (0.062)	-0.119 *** (0.035)	-0.094 * (0.054)	-0.093 *** (0.032)	-0.026 *** (0.009)	-0.026 *** (0.005)
15～24 岁人口比例	—	-1.084 (1.003)	-1.134 (0.704)	-1.039 (0.900)	-1.079 * (0.635)	-0.045 (0.128)	-0.055 (0.096)
非洲裔人口比例	—	5.922 *** (1.918)	5.897 *** (1.229)	5.695 *** (1.752)	5.674 *** (1.108)	0.228 (0.212)	0.223 (0.168)
受高中及以上教育人口比例	—	3.355 *** (0.580)	3.357 *** (0.300)	2.675 *** (0.515)	2.676 *** (0.270)	0.680 *** (0.094)	0.681 *** (0.041)
失业率	—	5.033 *** (1.026)	5.057 *** (0.712)	4.843 *** (0.930)	4.862 *** (0.642)	0.190 (0.130)	0.195 ** (0.097)
人均收入（十万美元）	—	6.001 *** (2.149)	5.938 *** (1.647)	5.372 *** (1.950)	5.321 *** (1.486)	0.629 ** (0.270)	0.617 *** (0.225)
基尼系数	—	10.461 *** (1.890)	10.453 *** (1.335)	8.963 *** (1.723)	8.957 *** (1.204)	1.498 *** (0.226)	1.497 *** (0.182)
警务支出（滞后项）	—	-0.001 (0.001)	-0.000 (0.001)	-0.001 (0.001)	-0.000 (0.001)	0.000 (0.000)	0.000 (0.000)

---

① 第一阶段剔除工具变量回归的 F 统计量远大于 10，表明它不是一个弱工具变量。

变量	总体犯罪率			财产犯罪率		暴力犯罪率	
	OLS	OLS	IV	OLS	IV	OLS	IV
年固定效应	控制	控制	控制	控制	控制	控制	控制
市质县（＝1，如果是市质县；否则，为0）	控制	控制	控制	控制	控制	控制	控制
调整 R^2	0.171	0.228	0.228	0.207	0.207	0.301	0.301
观测值	3201	3201	3201	3201	3201	3201	3201

注：（1）因变量为第 k 类罪行的犯罪率（＝总体犯罪率、财产犯罪率和暴力犯罪率），也即平均每100个人的犯罪数量。

（2）我们从最简单的模型开始分析，将财政分割与犯罪率联系起来，只控制年份固定效应和城市型固定效应。当添加更多控制变量时，结果是稳健的。

（3）标准误聚类在大都市地区层面。

（4）*** 表示 p 值 <0.01，** 表示 p 值 <0.05，* 表示 p 值 <0.1。

表 6 - 3   财政分割对犯罪率的影响（大都市地区，按犯罪类型分类）

变量	财产犯罪率			暴力犯罪率			
	入室盗窃（1）	盗窃（2）	机动车盗窃（3）	谋杀（1）	强奸（2）	抢劫（3）	斗殴（4）
县级数量（每1000平方英里）	- 0.019 ** (0.008)	- 0.059 ** (0.023)	- 0.015 *** (0.003)	- 0.000 (0.000)	- 0.003 *** (0.000)	- 0.000 (0.001)	- 0.023 *** (0.004)
15 ~ 24 岁人口比例	- 0.700 *** (0.158)	- 0.486 (0.457)	0.106 (0.069)	- 0.002 (0.002)	- 0.031 *** (0.008)	0.095 *** (0.024)	- 0.116 (0.078)
非洲裔人口比例	0.196 (0.276)	5.189 *** (0.798)	0.290 ** (0.120)	- 0.004 (0.004)	0.074 *** (0.014)	0.138 *** (0.042)	0.014 (0.136)
受高中及以上教育人口比例	0.923 *** (0.067)	1.472 *** (0.195)	0.281 *** (0.029)	0.012 *** (0.001)	0.012 *** (0.003)	0.213 *** (0.010)	0.444 *** (0.033)
失业率	0.818 *** (0.160)	3.906 *** (0.463)	0.139 ** (0.070)	- 0.004 (0.002)	0.058 *** (0.008)	0.168 *** (0.024)	- 0.028 (0.079)
人均收入（十万美元）	1.817 *** (0.370)	2.658 ** (1.070)	0.846 *** (0.161)	- 0.005 (0.005)	- 0.004 (0.019)	0.327 *** (0.056)	0.299 (0.182)
基尼系数	2.614 *** (0.300)	5.757 *** (0.867)	0.585 *** (0.131)	0.011 *** (0.004)	0.063 *** (0.016)	0.390 *** (0.046)	1.032 *** (0.148)

续表

变量	财产犯罪率			暴力犯罪率			
	入室盗窃（1）	盗窃（2）	机动车盗窃（3）	谋杀（1）	强奸（2）	抢劫（3）	斗殴（4）
警务支出（滞后项）	− 0.000 (0.000)	− 0.000 (0.001)	0.000 (0.000)	0.000 (0.000)	− 0.000 (0.000)	0.000 *** (0.000)	0.000 (0.000)
年固定效应	控制	控制	控制	控制	控制	控制	控制
市质县（=1，如果是市质县；否则，为0）	控制	控制	控制	控制	控制	控制	控制
调整 R^2	0.244	0.183	0.298	0.147	0.115	0.473	0.217
观测值	3201	3201	3201	3201	3201	3201	3201

注：（1）因变量是第 k 类罪行的犯罪率，也即平均每100个人的犯罪数量。

（2）标准误聚类在大都市地区层面。

（3）*** 表示 p 值 <0.01，** 表示 p 值 <0.05，* 表示 p 值 <0.1。

　　一般来说，一个县人口特征变量的系数有预期的符号，且对县级犯罪率的影响具有统计显著性。更确切地说，对于财产犯罪而言，非裔美国人所占比例的估计系数应该为正且在一定显著性水平上显著。县人均收入的系数应显著为负。县级失业率的估计系数在一定显著性水平上为正向显著。衡量县收入差距的基尼系数和年轻人口（15~24岁）比例的估计系数应大于0，且这两个系数分别显著。正如预期的那样，滞后一期警力支出的估计系数是负数，虽然这个系数在常规显著性水平上并不显著。一个与直觉不符的发现是，受高中及以上教育人口比例的估计系数显著为正。不过，这个结果可能的解释为，当建立一个排除了其他人口统计变量的简化模型时，受高中及以上教育人口比例的影响会是负向显著的。然而，当我们控制了人口特征变量和警力支出时，具有高中及以上学历的人口可能会带来更多犯罪机会。

　　我们使用州级数据进行扩展分析，估计结果报告在表6-4中。使用该样本估计的结果与使用大都市区样本获得的结果基本一致。特别地，FF对所有类型的犯罪率都具有负面影响，且都在1%显著性水平上显著。

表 6 – 4　　　财政分割对犯罪率的影响（州，按犯罪类型分类）

变量	总体犯罪率		财产犯罪率		暴力犯罪率	
	OLS	IV	OLS	IV	OLS	IV
县级数量（每 1000 平方英里）	– 0.293 * (0.148)	– 0.293 *** (0.028)	– 0.235 * (0.134)	– 0.234 *** (0.026)	– 0.058 *** (0.019)	– 0.058 *** (0.004)
15 ~ 24 岁人口比例	10.701 *** (1.693)	10.696 *** (0.650)	9.942 *** (1.544)	9.940 *** (0.586)	0.759 *** (0.166)	0.756 *** (0.091)
非洲裔人口比例	3.015 *** (0.973)	3.014 *** (0.153)	2.424 *** (0.814)	2.424 *** (0.138)	0.590 *** (0.173)	0.590 *** (0.021)
受高中及以上教育人口比例	2.093 ** (0.909)	2.095 *** (0.335)	2.190 ** (0.844)	2.191 *** (0.302)	– 0.097 (0.088)	– 0.096 ** (0.047)
失业率	7.885 *** (2.270)	7.874 *** (0.776)	7.188 *** (2.055)	7.183 *** (0.700)	0.697 *** (0.295)	0.691 *** (0.106)
人均收入（十万美元）	3.256 *** (0.816)	3.246 *** (0.374)	2.952 *** (0.762)	2.947 *** (0.337)	0.304 *** (0.093)	0.299 *** (0.053)
基尼系数	1.943 (1.256)	1.941 *** (0.639)	1.515 (1.125)	1.514 *** (0.576)	0.428 *** (0.179)	0.427 *** (0.090)
警务支出（滞后项）	0.003 (0.003)	0.003 *** (0.001)	0.003 (0.003)	– 0.003 ** (0.001)	0.001 * (0.000)	0.001 *** (0.000)
年固定效应	控制	控制	控制	控制	控制	控制
调整 R^2	0.179	0.179	0.166	0.166	0.219	0.219
观测值	8949	8949	8949	8949	8949	8949

注：（1）因变量是第 k 类罪行的犯罪率（= 总体犯罪率、财产犯罪率和暴力犯罪率），即平均每 100 个人的犯罪数量。

（2）标准误聚类在大都市地区层面。

（3）*** 表示 p 值 < 0.01，** 表示 p 值 < 0.05，* 表示 p 值 < 0.1。

6.4.2　财政分割对地区间犯罪率差距的影响

为了对命题 6.2 进行实证检验，即财政分割增加了地区间犯罪率的差异，我们估计了两个模型，考察财政分割对地区差异的影响。

1. 财政分割对犯罪率基尼系数的影响

参照考埃尔（Cowell，1996）的做法，我们在模型 1 中使用大都市地区的跨县犯罪率基尼系数作为度量犯罪率地区间差异的指标。因此，我们将估计以下方程：

$$\text{Ineq}\,(CR_{nkt})_{skt} = \alpha_{0k} + \alpha_{1k}FF_{st} + X'_{nst}\beta_k + \beta_{kt} + \varepsilon_{skt} \tag{6.7}$$

其中，$(CR_{nkt})_{skt}$ 是第 t 年大都市地区各县之间第 k 类罪行的犯罪率（＝总体犯罪率、财产犯罪率和暴力犯罪率）的基尼系数。式（6.7）中包含的控制变量与式（6.6）相同。作为稳健性的检验，我们还采用了其他衡量不平等的指标，如大都市犯罪率的变异系数（CV）。我们排除了那些只包含一个县的大都会地区样本，同时将基尼系数的控制变量作为协变量，以此来检验稳健性。这里用两阶段最小二乘法来估计式（6.7），其中工具变量是县级消防支出，用以解决警力支出变量的潜在内生性。

利用大都市地区样本估计式（6.7）系数的结果报告在表 6 – 5 中。与图 6 – 2 和命题 6.2 中展示的证据一致，从不同犯罪类型来看，FF_{st} 对犯罪率的基尼系数有正向且显著的影响。特别地，FF_{st} 增加一个标准差将引起总体犯罪率的基尼系数提高 16%。有趣的是，FF_{st} 对于暴力犯罪率基尼系数的估计结果在数量上大于财产犯罪率。稳健性检验为这些发现提供了一致的证据。我们使用州层面样本数据估计式（6.7）来进行扩展分析，估计结果报告在表 6 – 6 中，与表 6 – 5 中给出的结果一致。特别地，每 1000 平方英里的县级政府数量对于不同类别的犯罪率差异具有正向影响，且在 1% 显著性水平上显著，这与命题 6.2 一致。

表 6 – 5　　　　财政分割对地区内犯罪率差异的影响
（大都市地区，按犯罪类型分类）

变量	总体犯罪率		财产犯罪率		暴力犯罪率	
	OLS	IV	OLS	IV	OLS	IV
县级数量（每 1000 平方英里）	0.024 *** (0.003)	0.024 *** (0.003)	0.023 *** (0.003)	0.023 *** (0.003)	0.041 *** (0.003)	0.041 *** (0.003)
15～24 岁人口比例	− 0.421 *** (0.055)	− 0.412 *** (0.055)	− 0.452 *** (0.055)	− 0.444 *** (0.056)	− 0.253 *** (0.061)	− 0.236 *** (0.061)
非洲裔人口比例	− 0.565 *** (0.098)	− 0.560 *** (0.098)	− 0.576 *** (0.099)	− 0.571 *** (0.099)	− 0.552 *** (0.109)	− 0.543 *** (0.109)
受高中及以上教育人口比例	0.100 *** (0.024)	0.100 *** (0.024)	0.106 *** (0.024)	0.106 *** (0.024)	0.114 *** (0.026)	0.114 *** (0.026)

变量	总体犯罪率		财产犯罪率		暴力犯罪率	
	OLS	IV	OLS	IV	OLS	IV
失业率	0.075 (0.056)	0.071 (0.056)	0.067 (0.056)	0.063 (0.056)	0.170 *** (0.062)	0.162 *** (0.062)
人均收入（十万美元）	− 1.495 *** (0.130)	− 1.484 *** (0.130)	− 1.552 *** (0.131)	− 1.541 *** (0.130)	− 1.051 *** (0.144)	− 1.030 *** (0.144)
基尼系数	0.072 (0.107)	0.073 (0.107)	0.085 (0.108)	0.086 (0.107)	− 0.080 (0.119)	− 0.078 (0.119)
警务支出（滞后项）	− 0.000 ** (0.000)	− 0.000 ** (0.000)	− 0.000 ** (0.000)	− 0.000 *** (0.000)	− 0.000 (0.000)	− 0.000 *** (0.000)
年固定效应	控制	控制	控制	控制	控制	控制
市质县（ = 1，如果是市质县；否则，为0）	控制	控制	控制	控制	控制	控制
调整 R^2	0.172	0.172	0.169	0.168	0.311	0.310
观测值	3201	3201	3201	3201	3201	3201

注：（1）因变量是大都市地区各县犯罪率的基尼系数。

（2）标准误聚类在大都市地区层面。

（3）*** 表示 p 值 <0.01， ** 表示 p 值 <0.05， * 表示 p 值 <0.1。

表6-6　　　　　**财政分割对地区内犯罪率差异的影响**
（州，按犯罪类型分类）

变量	总体犯罪率		财产犯罪率		暴力犯罪率	
	OLS	IV	OLS	IV	OLS	IV
县级数量（每 1000 平方英里）	0.030 * (0.016)	0.029 *** (0.002)	0.028 * (0.016)	0.028 *** (0.002)	0.042 *** (0.013)	0.041 *** (0.001)
15 ~ 24 岁人口比例	− 0.225 ** (0.087)	− 0.223 *** (0.021)	− 0.231 ** (0.087)	− 0.229 *** (0.021)	− 0.175 ** (0.073)	− 0.162 *** (0.020)
非洲裔人口比例	− 0.156 * (0.082)	− 0.155 *** (0.036)	− 0.154 * (0.081)	− 0.153 *** (0.037)	− 0.010 (0.065)	− 0.004 (0.033)
受高中及以上教育人口比例	− 0.040 (0.075)	− 0.040 *** (0.009)	− 0.031 (0.077)	− 0.031 *** (0.009)	− 0.058 (0.065)	− 0.058 *** (0.008)
失业率	0.002 (0.089)	0.002 (0.019)	− 0.014 (0.087)	− 0.014 (0.019)	0.160 * (0.094)	0.157 *** (0.017)
人均收入（十万美元）	− 0.889 *** (0.239)	− 0.887 *** (0.043)	− 0.905 *** (0.231)	− 0.904 *** (0.044)	− 0.282 (0.214)	− 0.269 *** (0.040)

续表

变量	总体犯罪率		财产犯罪率		暴力犯罪率	
	OLS	IV	OLS	IV	OLS	IV
基尼系数	0.279**	0.279***	0.290**	0.290***	0.011	0.014
	(0.126)	(0.036)	(0.127)	(0.036)	(0.114)	(0.033)
警务支出（滞后项）	-0.000*	-0.000***	-0.000*	-0.000***	-0.000	-0.000***
	(0.000)	(0.000)	(0.000)	(0.000)	(0.000)	(0.000)
年固定效应	控制	控制	控制	控制	控制	控制
调整 R^2	0.147	0.147	0.146	0.146	0.181	0.179
观测值	8949	8949	8949	8949	8949	8949

注：（1）因变量是州各县犯罪率的基尼系数。
（2）标准误聚类在州层面。
（3）*** 表示 p 值 <0.01，** 表示 p 值 <0.05，* 表示 p 值 <0.1。

2. 财政分割对犯罪率的异质性影响

下面，我们通过估计模型 2 来探索命题 6.2 的潜在机制：

$$CR_{nstk} = \lambda_{0k} + \lambda_{1k}FF_{st} + \lambda_{2k}Mid_{nskt-1} \times FF_{st} + \lambda_{3k}High_{nskt-1} \times FF_{st} + X'_{nst}\beta_k$$
$$+ \beta_{tk} + \varepsilon_{nskt} \tag{6.8}$$

我们按照犯罪率水平将一个大都市地区内的县划分为三组：低犯罪组是该大都市地区犯罪率最低 25% 的县；高犯罪率组（$High_{nst}$）由犯罪率 3/4 分位以上的县组成；其余 50% 的县被列为中等犯罪率组（Mid_{nst}）。我们把 FF_{st} 与分组虚拟变量交叉相乘，以捕捉 FF 对犯罪率的异质性影响。这使我们能够确定地区内犯罪率差异的来源。根据命题 6.2，财政分割的蒂伯特排序效应增加了县与县之间的犯罪率差异，因此，更高水平的财政分割可以根据公众对公共安全的不同需求，将居民划分为更多类型。因此，我们预期 λ_{1k} 为负数，而 λ_{2k} 和 λ_{3k} 为正数。为了控制潜在的混杂效应，我们在式（6.8）中包含了与式（6.6）相同的一组控制变量。

使用大都市地区样本估计式（6.8）系数的结果报告在表 6 - 7 中。估计系数的符号符合预期，并且在常规水平上具有统计学显著性。我们使用州层面样本数据估计式（6.8）来进行扩展分析，结果见表 6 - 8。同样地，估计系数符号符合预期且在统计上显著。财政分割程度的异质性决定了我们对犯罪率地区内差异因果机制的解释。总而言之，随着大都市地区

（州）财政分割程度的提高，犯罪率较低的县变得更加安全；相比之下，犯罪率中等和较高的县将面临更高的犯罪率。

表 6-7　　　财政分割对犯罪率的异质性影响（大都市地区，按犯罪类型分类）

变量	总体犯罪率			财产犯罪率		暴力犯罪率	
	OLS	OLS	IV	OLS	IV	OLS	IV
县级数量（每1000平方英里）（FF）	-0.391*** (0.068)	-0.263*** (0.050)	-0.263*** (0.052)	-0.228*** (0.050)	-0.228*** (0.047)	-0.025*** (0.007)	-0.025*** (0.007)
FF ×中等犯罪率组	0.269*** (0.034)	0.244*** (0.035)	0.244*** (0.036)	0.199*** (0.038)	0.199*** (0.032)	0.025*** (0.004)	0.025*** (0.005)
FF ×高犯罪率组	0.562*** (0.065)	0.602*** (0.066)	0.602*** (0.042)	0.538*** (0.063)	0.537*** (0.038)	0.061*** (0.007)	0.061*** (0.005)
人均收入（十万美元）	—	-0.506 (0.895)	-0.492 (0.722)	-0.236 (0.792)	-0.231 (0.654)	-0.122 (0.105)	-0.118 (0.094)
控制变量	控制	控制	控制	控制	控制	控制	控制
年固定效应	控制	控制	控制	控制	控制	控制	控制
调整 R^2	0.313	0.399	0.399	0.378	0.378	0.503	0.503
观测值	2134	2134	2134	2134	2134	2134	2134

注：（1）因变量是第 k 类罪行的犯罪率（ = 总体犯罪率、财产犯罪率和暴力犯罪率），即平均每 100 个人的犯罪数量。

（2）在这个回归中，我们按照犯罪率水平将一个大都市地区内的县划分为三组：低犯罪组是该大都市地区犯罪率最低 25% 的县；高犯罪组（ $High_{nst}$ ）由犯罪率 3/4 分位以上的县组成；其余 50% 的县被列为中等犯罪率组（ Mid_{nst} ）。

（3）标准误聚类在大都市地区层面。

（4）*** 表示 p 值 <0.01， ** 表示 p 值 <0.05， * 表示 p 值 <0.1。

表 6-8　　　财政分割对犯罪率的异质性影响（州，按犯罪类型分类）

变量	总体犯罪率		财产犯罪率		暴力犯罪率	
	OLS	IV	OLS	IV	OLS	IV
县级数量（每1000平方英里）（FF）	-0.721*** (0.132)	-0.722*** (0.033)	-0.670*** (0.138)	-0.670*** (0.031)	-0.097*** (0.019)	-0.097*** (0.005)
FF×中等犯罪率组	0.343*** (0.062)	0.343*** (0.027)	0.348*** (0.042)	0.348*** (0.025)	0.033*** (0.006)	0.033*** (0.004)
FF ×高犯罪率组	0.928*** (0.145)	0.928*** (0.032)	0.918*** (0.110)	0.918*** (0.030)	0.087*** (0.013)	0.087*** (0.005)

变量	总体犯罪率		财产犯罪率		暴力犯罪率	
	OLS	IV	OLS	IV	OLS	IV
人均收入（十万美元）	2.482 *** (0.725)	2.485 *** (0.351)	2.127 *** (0.675)	2.136 *** (0.314)	0.267 *** (0.092)	0.262 *** (0.051)
控制变量	控制	控制	控制	控制	控制	控制
年固定效应	控制	控制	控制	控制	控制	控制
调整 R^2	0.283	0.283	0.284	0.284	0.262	0.262
观测值	5966	5966	5966	5966	5966	5966

注：（1）因变量是第 k 类罪行的犯罪率（＝总体犯罪率、财产犯罪率和暴力犯罪率），即平均每 100 个人的犯罪数量。

（2）在这个回归中，我们按照犯罪率水平将一个州的县划分为三组：低犯罪组是该州犯罪率最低 25% 的县；高犯罪率组（$High_{nst}$）由犯罪率 3/4 分位以上的县组成；其余 50% 的县被列为中等犯罪率组（Mid_{nst}）。

（3）标准误聚类在州层面。

（4）*** 表示 p 值 <0.01，** 表示 p 值 <0.05，* 表示 p 值 <0.1。

6.5　财政分割对犯罪率空间相关性的影响

在我们的理论模型中，我们发现财政分割的竞争效应和溢出效应对犯罪率有负向影响，但是蒂伯特排序效应对犯罪率的地区间差距有正向影响。第 6.4 节报告的实证结果充分证明了这一点。本节将对一个空间计量模型进行估计，以进一步确定命题 6.3 中描述的因果机制。通过确定财政分割对大都市地区（州）各县之间犯罪率空间相关性的影响，可以揭示 FF 是如何塑造犯罪率分布空间格局的。

6.5.1　实证模型

根据命题 6.3，财政分割对犯罪率的空间相关性有不确定的影响。虽然竞争效应和溢出效应增加了犯罪率的空间相关性，但蒂伯特排序效应有相反的影响。通过将 FF 与空间滞后项以及空间杜宾项交互相乘，可以评估 FF 对犯罪率空间分布依赖性的影响。[①] 因此，我们估计以下空间自回归（SAR）模型：

$$CR_{jst} = \lambda_1 FF_{st} + \lambda_2 \sum_{i=1}^{n} w_{ijs} CR_{ist} + \lambda_3 FF_{st} \sum_{i=1}^{n} w_{ijs} CR_{ist}$$
$$+ \sum_{i=1}^{n} w_{ijs} \cdot X'_{ist} \lambda_4 + FF_{st} \sum_{i=1}^{n} w_{ijs} \cdot X'_{ist} \lambda_5 + X'_{ist}\beta + \beta_{js} + \beta_t + \varepsilon_{jst}$$

$$(6.9)$$

其中，λ_1 衡量了一个县的财政分割对于犯罪率的竞争效应；λ_3 表示 FF 对犯罪率空间相关性的影响，从而描述了财政分割的溢出效应（即 FF 对于相邻地区公共安全供给的空间溢出效应）。根据蒂伯特假说，家庭会依据自己对当地公共物品的需求，归类到相对同质的司法管辖区。假设收入、教育程度和其他人口特征与公共安全需求量相关。蒂伯特排序效应反映了辖区之间的空间动态，因此，这种影响只能在空间计量模型中进行估计。借鉴霍克斯比（2000）和奥弗顿（Overton，2016）的做法，我们把收入和教育程度作为 TSE 的代理变量。作为蒂伯特排序效应的结果，当邻近司法管辖区的收入中位数和平均受教育程度增加时，j 县的犯罪率会上升，同时，FF 通过强化蒂伯特排序效应，增强了当地犯罪率与邻近司法管辖区人口（犯罪率）的正（负）空间相关性。

在空间模型中，我们使用空间杜宾项来估计犯罪率对邻近辖区人均收入以及受高中及以上教育人口比例的反应。作为财政分割与空间杜宾项交互项的系数，式（6.9）中的 λ_5 反映了财政分割的蒂伯特排序效应。因此，在式（6.9）中，我们可以评估 ISE 和 TSE 对各县犯罪率空间相关性的影响。由于 FF 在本研究的样本期间内几乎保持不变，所以面板数据空间模型不能在控制了县固定效应（β_j）的同时估算出 CE（λ_1）。不过，我们已经在式（6.6）和式（6.7）中提供了关于财政分割竞争效应的证据。因此，本节将重点放在估计 FF 的 ISE 和 TSE 的影响上。如前所述，X_{ist} 是县控制变量的向量。模型中还包含了县固定效应 β_j 来控制不可观测且不随时间变化的犯罪率影响因素；以及年固定效应 β_t，用来解释不可观测但随时间变化的总体冲击。

---

① 至此，模型中不再包含犯罪类型的下标，尽管我们使用三种类型的罪行估计模型：总体犯罪率、财产犯罪率和暴力犯罪率。

6.5.2　估计方法

估计式（6.9）具有挑战性，因为模型中包含空间滞后项与杜宾项的交互项，无法使用常规估计方法估计 SAR 模型。刘勇政（2014，2016）使用 GMM 方法估计了带有空间滞后交互项的模型。然而，如果在模型中同时包含待估计的空间杜宾项，那么引入空间交互项可能导致与其他解释变量的多重共线性。特别地，埃洛斯特（Echorst，2010）表明，包含空间滞后自变量的空间杜宾模型不能使用 GMM 估计量，因为 GMM 估计量正是利用这些解释变量作为空间滞后自变量的工具变量。因此，我们使用一个改进的估计量来估计带有空间滞后交互项和杜宾项的空间模型。

为了显示估计量的计量属性，将式（6.9）简化为如下空间模型：

$$Y_{nt} = \sum_{j=1}^{p} \lambda_{j,0} U_{jn} W_n Y_{nt} + \sum_{j=1}^{p} \varphi_{j,0} U_{jn} W_n X_{nt} + \beta_0 X_{nt} + c_n + \alpha_t \iota_n + \varepsilon_{nt}$$

(6.10)

其中，Y_{nt} 是第 t 年 n 个县的犯罪率组成的向量；X_{nt} 是第 t 年 n 个县的控制变量矩阵。我们基于李和虞（2010b）提出的最大似然估计（MLE）得到了一致且渐近有效的估计量，它渐近服从正态分布。这种方法可以用于评估政策影响的空间格局，本章的调查研究就是应用这种方法的一个例子。

在不失一般性的情况下，式（6.9）和式（6.10）可以写成如下矩阵形式：

$$Y_{nt} = \sum_{j=1}^{p} \lambda_{j,0} U_{jn} W_n Y_{nt} + X_{nt}\beta_0 + c_n + \alpha_t \iota_n + v_{nt}$$

(6.11)

$$v_{nt} = \rho_0 M_n v_{nt} + \varepsilon_{nt}, \qquad t = 1, \cdots, T$$

其中，Y_{nt} 是 $n \times 1$ 向量形式的因变量，$U_{jn} = diag\{u_{j,1}, \cdots, u_{j,n}\}$ $(j = 1, \cdots, p)$ 是一系列非随机外生变量组成的 $n \times n$ 矩阵；$U_{1n} = I_n$ 是单位矩阵；X_{nt} 是非随机外生变量组成的 $n \times k$ 矩阵[①]；$c_n = (c_{1,n}, \cdots, c_{n,n})'$ 是 $n \times 1$ 的固定效

---

　①　需要注意的是，变量 U 也包含在变量 X 中，这意味着向量 $U_{jn} = diag\{u_{j,1}, \cdots, u_{j,n}\}$ 包含在 X_{nt} 中。为了简便起见，我们没有明确写出。

应向量；α_t 是时间固定效应；ι_n 是 $n \times 1$ 维元素全部为 1 的向量；W_n 和 M_n 是由已知常数组成的 $n \times n$ 维空间权重矩阵；ε_{nt} 是 $n \times 1$ 维扰动项向量，且 ε_{it} 对于 i 和 t 都服从均值为 0、方差为 σ_0^2 的独立同分布。因此，在式（6.11）中，我们同样允许存在空间误差项。例如，在式（6.9）中，$Y_{nt} = (CR_{11t}, \cdots, CR_{1J_1t}, \cdots, CR_{I1t}, \cdots, CR_{1J_1t})'$，$U_{jn} = diag\{FF_1, \cdots, FF_1, \cdots, FF_1\}$，$X_{nt} = (X_{11t}, \cdots, X_{1J_1t}, \cdots, X_{I1t}, \cdots, X_{1J_1t})'$。在我们的实证研究中，每个表达式只包含一个乘法交互项，所以 $p = 2$。一般来说，式（6.11）允许 p 是某个满足识别条件的有限数，这意味着式（6.11）可能包含多个交互项。

式（6.11）在某种意义上与具有高阶空间滞后项的空间自回归模型相关，它可以基于横截面水平上的不同类型关系（如地理距离、社会关系）来表示空间依赖性。这些不同类型的空间依赖性被赋予不同的空间权重矩阵。如果令 $W_{jn} = U_{jn}W_n$，则式（6.11）可以被看作具有一阶 SAR 扰动项的 p 阶 SAR 模型［简写作 SARAR$(P,1)$］（Liu and Lee，2010）。在本质上，式（6.11）是通过（可能的外生变量）U_{jn} 来捕捉不同的空间效应，而空间依赖性的类型被假设为固定的且由空间权重矩阵外生给定。需要注意的一点是，空间效应在模型中关于 U_{jn} 线性变化，这可以将式（6.11）扩展到功能性系数空间模型，其中用来捕捉空间效应的参数 λ 是 U_{jn} 的未知平滑函数，用来确定某些可能的非线性空间效应。

估计固定效应面板模型的核心问题是如何消除个体固定效应和时间固定效应。不过从方法上看，只有当 n 和 T 都趋向于无穷大时，渐近性才是有意义的。当 T 趋向于无穷大时，如果直接应用最大似然法同时估计一般参数和固定效应，时间固定效应可能会导致附带参数问题（Neyman and Scott，1948）。当 T 有限时，时间固定效应可以被看作与 β 作用相似的附加有限参数，因此，时间固定效应不必考虑。在我们的模型中，T 是有限的，所以可以简单省略，以避免消去它们引发的问题。如果对 T 很大的情况感兴趣，可以用李和虞（2010）的转换方法消除时间固定效应。

用一个常见形式表示时间因子：$J_T = \left(I_T - \dfrac{1}{T}\iota_T\iota_T'\right)$。为了消除个体固定

效应，将式（6.11）转换为：

$$Y_{nt} = \sum_{j=1}^{p} \lambda_{j,0} U_{jn} W_n Y_{nt} + X_{nt}\beta_0 + \tilde{v}_{nt}$$

$$\tilde{v}_{nt} = \rho_0 M_n \tilde{v}_{nt} + \epsilon_{nt}$$

$$(6.12)$$

需要注意的是，由此产生的扰动项将与时间呈线性关系。因此，在不产生扰动项的线性依赖时，可以基于一个正交特征向量矩阵 J_T 进行相应变换，如李和虞（2010b）所示。李和虞（2010b）的正交变换包括用赫尔默特（Helmert）转换消除个体固定效应的特殊情况。将正交特征向量矩阵 J_T 写作 $\left[F_{T,T-1}, \dfrac{1}{\sqrt{T}}\iota_T\right]$，其中，$F_{T,T-1}$ 是特征值为 1 对应的 $T \times (T-1)$ 阶子矩阵①。对于一个任意的 $n \times T$ 矩阵 $[A_{n1}, \cdots, A_{nT}]$，设 $n \times (T-1)$ 转换矩阵为 $[A_{n1}^*, \cdots, A_{n(T-1)}^*] = [A_{n1}, \cdots, A_{nT}] F_{T,T-1}$。同样的，$X_{nT}^* = [X_{nt,1}^*, \cdots, X_{nt,k}^*]$。请注意，由于 U_{jn} 包含在 X_{nt} 中，所以也被一并消除。因此，式（6.11）可被重新写为：

$$Y_{nt}^* = \sum_{j=1}^{p} \lambda_{j,0} U_{jn} W_n Y_{nt}^* + X_{nt}^*\beta_0 + v_{nt}^*$$

$$v_{nt}^* = \rho_0 M_n v_{nt}^* + \epsilon_{nt}^*$$

$$(6.13)$$

由于 $(\epsilon_{n1}^{*\prime}, \cdots, \epsilon_{n(T-1)}^{*\prime})' = (F_{T,T-1}' \otimes I_n)(\epsilon_{n1}^{*\prime}, \cdots, \epsilon_{nT}^{*\prime})'$ 且 ϵ_{nt} 独立同分布，我们有：

$$E(\epsilon_{n1}^{*\prime}, \cdots, \epsilon_{n(T-1)}^{*\prime})'(\epsilon_{n1}^{*\prime}, \cdots, \epsilon_{n(T-1)}^{*\prime}) = \sigma_0^2(F_{T,T-1}' \otimes I_n)(F_{T,T-1} \otimes I_n)$$

$$= \sigma_0^2 I_{n(T-1)}$$

---

① 在动态面板模型中，通常使用一阶差分和赫尔默特变换来消除固定效应，选择一个特殊的 $F_{T,T-1}$ 进行赫尔默特变换，其中，ε 被转换为 $\left(\dfrac{T-t}{T-t+1}\right)^{1/2}\left[\varepsilon_{nt} - \dfrac{1}{T-t}(\varepsilon_{n,t+1} + \cdots + \varepsilon_{nT})\right]$，这对于动态面板模型尤其有意义。

因此，ϵ_{it}^{*} 与所有的 i 和 t 都不相关（且在正态分布下相互独立）。如果扰动项正态分布，则式（6.13）的极大似然函数为：

$$\ln L_{n,T}(\theta) = -\frac{n(T-1)}{2}\ln(2\pi\sigma^2) + (T-1)\left[\ln|S_n(\lambda)| + \ln|R_n(\rho)|\right]$$

$$-\frac{1}{2\sigma^2}\sum_{t=1}^{T-1}\epsilon_{nt}^{*}(\zeta)'\,\epsilon_{nt}^{*}(\zeta) \qquad (6.14)$$

其中，$\theta = (\beta', \lambda', \rho, \sigma^2)'$，$\lambda = (\lambda_1, \cdots, \lambda_p)'$，$\epsilon_{nt}^{*}(\zeta) = R_n(\rho)[S_n(\lambda)Y_{nt}^{*} - X_{nt}^{*}\beta]$，$S_n(\lambda) = I_n - \sum_{j=1}^{p}\lambda_j U_{jn}W_n$。为了保证对数似然函数被正确定义，我们只考虑满足 $|S_n(\lambda)| > 0$ 以及 $|R_n(\rho)| > 0$ 条件下 λ 和 ρ 的参数空间。用 $\|\cdot\|$ 表示矩阵的模，则一个矩阵 $\left\|\sum_{j=1}^{p}\lambda_j U_{jn}W_n\right\| \leqslant \left(\sum_{j=1}^{p}|\lambda_j|\right) \cdot \max_{j=1,\cdots,p}\|U_{jn}W_n\|$ 的参数空间可以表示为 $\sum_{j=1}^{p}|\lambda_j| \leqslant 1/\max_{j=1,\cdots,p}\|U_{jn}W_n\|$。这提高了个体之间空间依赖性的处理难度（Kelejian and Prucha，1999），同时也排除了单位根（以时间序列为特殊情况）。这也是 $S_n(\lambda)^{-1}$ 行与列的绝对值总和达到一致有界性的充分条件，这是因为 $S_n(\lambda)^{-1} = I_n + \sum_{j=1}^{p}\lambda_j U_{jn}W_n + \left(\sum_{j=1}^{p}\lambda_j U_{jn}W_n\right)^2 + \cdots$。当 M_n 行标准化后，可能存在一个 ρ 的参数空间满足 $|\rho| < 1$。

对于任意 n 维列向量 p_{nt} 和 q_{nt}，因为：

$$\sum_{t=1}^{T-1}p_{nt}^{*}{}'\,q_{nt}^{*} = (p_{n1}', \cdots, p_{nT}')(F_{T,T-1}\otimes I_n)(F_{T,T-1}'\otimes I_n)(q_{n1}', \cdots, q_{nT}')'$$

$$= (p_{n1}', \cdots, p_{nT}')(J_n\otimes I_n)(q_{n1}', \cdots, q_{nT}')'$$

$$= \sum_{t=1}^{T-1}p_{nt}'\,q_{nt}$$

又由于 $(p_{n1}, \cdots, p_{nT}) = (p_{n1}, \cdots, p_{nT})J_T$，则极大似然函数可以写作：

$$\ln L_{n,T}(\theta) = -\frac{n(T-1)}{2}\ln(2\pi\sigma^2) + (T-1)\left[\ln|S_n(\lambda)| + \ln|R_n(\rho)|\right]$$

$$-\frac{1}{2\sigma^2}\sum_{t=1}^{T-1}\tilde{\epsilon}_{nt}(\zeta)'\,\tilde{\epsilon}_{nt}(\zeta) \qquad (6.15)$$

其中，$\varepsilon_{nt}(\zeta) = R_n(\rho)[S_n(\lambda)Y_{nt} - X_{nt}\beta]$。相应地，对于式（6.11），估计量变为：

$$\hat{\beta}_{nT}(\lambda,\rho) = \left[\sum_{t=1}^{T} X'_{nt}R_n(\rho)'X_{nt}\right]^{-1}\left[\sum_{t=1}^{T} X'_{nt}R_n(\rho)'R_n(\rho)S_n(\lambda)Y_{nt}\right]$$

$$(6.16)$$

$$\hat{\sigma}_{nT}^2(\lambda,\rho) = \frac{1}{n(T-1)}\sum_{t=1}^{T}\left[S_n(\lambda)Y_{nt} - X_{nt}\hat{\beta}_{nT}(\lambda,\rho)\right]'R_n(\rho)'R_n(\rho)$$

$$\times\left[S_n(\lambda)Y_{nt} - X_{nt}\hat{\beta}_{nT}(\lambda,\rho)\right] \qquad (6.17)$$

以及(λ,ρ)的中心化似然函数为：

$$\ln L_{n,T}(\lambda,\rho) = -\frac{n(T-1)}{2}(\ln(2\pi)+1) - \frac{n(T-1)}{2}\ln\hat{\sigma}_{nT}^2(\lambda,\rho)$$

$$+ (T-1)\left[\ln|S_n(\lambda)| + \ln|R_n(\rho)|\right] \qquad (6.18)$$

定理1 在满足下面假设的条件下，θ_0 可识别，且根据式（6.11）得到的准最大似然估计量$\hat{\theta}_{nT}$是一致的，即$\hat{\theta}_{nT} - \theta_0 \to p_0$。这一组假设与李和虞（2010b）提出的假设 1~8 类似。

假设1：W_n 和 M_n 是具有零对角线的非随机空间权重矩阵。

假设2：扰动项$\{\varepsilon_{it}\}$（$i=1,\cdots,n;t=1,\cdots T$）关于 i 和 t 服从均值为 0、方差为 σ_0^2 的独立同分布，且对于某些 $\eta>0$，有 $E|\varepsilon_{it}|^{4+\eta}<\infty$。

假设3：$S_n(\lambda)$ 和 $R_n(\rho)$对于所有 $\lambda\in\Lambda$、$\rho\in P$，其中 Λ 和 P 是闭区间。此外，λ_0 是 Λ 的内点，ρ_0 是 P 的内点。

假设4：n 足够大，且 T 有限或足够大。

假设5：X_{nt} 和 U_{jn} 的元素对于 j、n 和 t 都是非随机且一致有界的。此外，在假设4的渐近条件下，$\frac{1}{nT}\sum_{t=1}^{T}\tilde{X}_{nt}^T R_n^T R_n \tilde{X}_{nt}$ 的极限存在且是非奇异。

假设6：W_n 和 M_n 行、列的绝对值总和一致有界（UB）。同时，$S_n^{-1}(\lambda)$ 和 $R_n^{-1}(\rho)$对所有 $\lambda\in\Lambda$、$\rho\in P$ 也满足 UB。

假设7：当 n 趋于无穷时，下列两个条件满足其一。

（a）对所有可能的 $\rho\in P$，$\left(\frac{1}{n}\ln|\sigma_0^2(R_n^{-1})^T(S_n^{-1})^T(S_n^{-1})(R_n^{-1})|-\right.$

$\frac{1}{n}\ln\mid\sigma_n^2(\lambda,\rho)(R_n^{-1}(\rho))^T(S_n^{-1}(\lambda))^T(S_n^{-1}(\lambda))(R_n^{-1}(\rho))\mid\Big)$ 的极限非奇异，且对所有的 $\rho\neq\rho_0$ 的极限不是 0。

(b) 对于所有 $(\lambda,\rho)\neq(\lambda_0,\rho_0)$，$\Big(\frac{1}{n}\ln\mid\sigma_0^2(R_n^{-1})^T(S_n^{-1})^T(S_n^{-1})(R_n^{-1})\mid-$

$\frac{1}{n}\ln\mid\sigma_n^2(\lambda,\rho)(R_n^{-1}(\rho))^T(S_n^{-1}(\lambda))^T(S_n^{-1}(\lambda))(R_n^{-1}(\rho))\mid\Big)$ 的极限不为 0。

设 $C_{jn}=\ddot{C}_{jn}-\frac{tr(\ddot{C}_{jn})}{n}I_n,D_{jn}=M_nR_n^{-1}-\frac{tr(M_nR_n^{-1})}{n}I_n$。

假设 8：对于所有的 $j=1,\cdots p$，当 n 趋于无穷时，$\frac{1}{n^2}[\,tr(C_{jn}^sC_{jn}^s)\,tr$

$(D_n^sD_n^s)-tr^2(C_{jn}^sD_n^s)]$ 的极限严格大于 0。

定理 2 上述相同假设条件下（再加上对于 $\sum_{\theta_0,nT}$ 和 $\sum_{\theta_0,nT}$ 的定义），有：

$$\sqrt{n(T-1)}(\hat{\theta}_{nT}-\theta_0)\xrightarrow{d}N\Big(\mathbf{0},\lim\sum_{\theta_0,nT}{}^{-1}\Big(\sum_{\theta_0,nT}+\Omega_{\theta_0,nT}\Big)\sum_{\theta_0,nT}{}^{-1}\Big)$$

$$\sum_{\theta_0,nT}=-E\Big(\frac{1}{n(T-1)}\frac{\partial^2\ln L_{nT}(\theta_0)}{\partial\theta\partial\theta^T}\Big)$$

$$=\frac{1}{\sigma_0^2}\begin{pmatrix}\frac{1}{n(T-1)}\sum_{t=1}^T(\ddot{X}_{nt},\ddot{G}_{1n}\ddot{X}_{nt}\beta_0,\ddot{G}_{pn}\ddot{X}_{nt}\beta_0)^T(\ddot{X}_{nt},\ddot{G}_{1n}\ddot{X}_{nt}\beta_0,\ddot{G}_{pn}\ddot{X}_{nt}\beta_0) & * & *\\ \mathbf{0}_{1\times(k+p)} & \mathbf{0} & *\\ \mathbf{0}_{1\times(k+p)} & \mathbf{0} & \mathbf{0}\end{pmatrix}$$

$$=+\begin{pmatrix}\mathbf{0}_{k\times k} & * & \cdots & * & * & *\\ \mathbf{0}_{1\times k} & \frac{1}{n}tr(\ddot{G}_{1n}^s\ddot{G}_{1n}) & \cdots & \frac{1}{n}tr(\ddot{G}_{1n}^s\ddot{G}_{pn}) & * & *\\ \vdots & \vdots & \cdots & \vdots & * & *\\ \mathbf{0}_{1\times k} & \frac{1}{n}tr(\ddot{G}_{pn}^s\ddot{G}_{1n}) & \cdots & \frac{1}{n}tr(\ddot{G}_{pn}^s\ddot{G}_{pn}) & * & *\\ \mathbf{0}_{1\times k} & \frac{1}{n}tr((M_nR_n^{-1})^s\ddot{G}_{1n}) & \cdots & \frac{1}{n}tr((M_nR_n^{-1})^s\ddot{G}_{pn}) & \frac{1}{n}tr((M_nR_n^{-1})^s(M_nR_n^{-1})) & *\\ \mathbf{0}_{1\times k} & \frac{1}{\sigma_0^2 n}tr(\ddot{G}_{1n}) & \cdots & \frac{1}{\sigma_0^2 n}tr(\ddot{G}_{pn}) & \frac{1}{\sigma_0^2 n}tr(M_nR_n^{-1}) & \frac{1}{2\sigma_0^4}\end{pmatrix}$$

$$\sum_{\theta_0, nT} = \frac{(T-1)}{T} \frac{(\mu_4 - 3\sigma_0^4)}{\sigma_0^4}$$

$$\times \begin{pmatrix}
\mathbf{0}_{k \times k} & * & \cdots & * & * & * \\
\mathbf{0}_{1 \times k} & \frac{1}{n}\sum_{i=1}^{n}(\ddot{G}_{1n}^2)_{ii} & \cdots & \frac{1}{n}\sum_{i=1}^{n}(\ddot{G}_{pn}\ddot{G}_{1n})_{ii} & * & * \\
\vdots & \vdots & \cdots & \vdots & * & * \\
\mathbf{0}_{1 \times k} & \frac{1}{n}\sum_{i=1}^{n}(\ddot{G}_{1n}\ddot{G}_{pn})_{ii} & \cdots & \frac{1}{n}tr(\ddot{G}_{pn}^2)_{ii} & * & * \\
\mathbf{0}_{1 \times k} & \frac{1}{n}\sum_{i=1}^{n}(\ddot{G}_{1n,ii})(M_n R_n^{-1})_{ii} & \cdots & \frac{1}{n}\sum_{i=1}^{n}(\ddot{G}_{pn,ii})(M_n R_n^{-1})_{ii} & \frac{1}{n}\sum_{i=1}^{n}(M_n R_n^{-1})_{ii}^2 & * \\
\mathbf{0}_{1 \times k} & \frac{1}{2\sigma_0^2 n}tr(\ddot{G}_{1n}) & \cdots & \frac{1}{2\sigma_0^2 n}tr(\ddot{G}_{pn}) & \frac{1}{2\sigma_0^2 n}tr(M_n R_n^{-1}) & \frac{1}{4\sigma_0^4}
\end{pmatrix}$$

6.5.3　估计结果

式（6.9）的系数估计结果报告在表 6 - 9 和表 6 - 10 中。[1] 出于对严重多重共线性问题的担心，我们不会一次性引入所有空间交互项，而是每次加入一个。我们将 FF 分别与表 6 - 9 中的收入水平（人均个人收入）空间杜宾项以及表 6 - 10 中高中及以上学历人口比例进行交叉相乘。借鉴霍克斯比（2000）的研究，假设 TSE 在大都市地区（州）之间影响强度相同。我们设计了一个空间权重矩阵，它是一个以大都市地区划分的分块矩阵，其中，非对角线元素等于 1，其余为 0。

表 6 - 9　犯罪率空间相关性的决定因素（大都市地区，按犯罪类型分类）

变量	总体犯罪率 （1）	财产犯罪率 （2）	暴力犯罪率 （3）
空间相关性系数（λ_1）	- 0. 031 (0. 175)	- 0. 001 (0. 152)	- 0. 138 (0. 506)
空间交互项系数（λ_3）	0. 087 *** (0. 006)	0. 086 *** (0. 009)	0. 076 (0. 055)

① 表 6 - 9 和表 6 - 10 中存在数据损耗，有两个原因：一是我们删除了只包含一个县的大都会地区；二是这种空间计量模型的估计要求数据必须覆盖大都市地区（州）的每一个县，否则该地区的所有县都必须被舍去。

续表

变量	总体犯罪率 （1）	财产犯罪率 （2）	暴力犯罪率 （3）
蒂伯特排序效应（λ_5） （FF × 人均收入空间杜宾项）	1.059 *** （0.279）	0.970 *** （0.249）	0.051 （0.081）
人均收入空间杜宾项	−2.281 （1.455）	−2.288 * （1.277）	0.126 （0.291）
警务支出空间杜宾项	−0.043 * （0.026）	−0.017 （0.027）	−0.024 * （0.013）
年固定效应	控制	控制	控制
州固定效应	控制	控制	控制
似然函数值	−29.4	137.7	2366.9
调整 R^2	0.311	0.322	0.121
观测值	2040	2040	2040

注：（1）因变量是不同犯罪类型的犯罪率，即平均每 100 个人的犯罪数量。

（2）标准误列示在括号中。

（3）*** 表示 p 值 < 0.01，** 表示 p 值 < 0.05，* 表示 p 值 < 0.1。

表 6－10　　　　　　　　犯罪率空间相关性的决定因素
（大都市地区，按犯罪类型分类）

变量	总体犯罪率 （1）	财产犯罪率 （2）	暴力犯罪率 （3）
空间相关性系数（λ_1）	−0.017 （0.198）	0.005 （0.176）	−0.120 （0.708）
空间交互项系数（λ_3）	0.072 *** （0.004）	0.072 *** （0.008）	0.066 （0.066）
蒂伯特排序效应（λ_5，FF × 受高中及以上教育人口比例空间杜宾项）	1.139 *** （0.387）	1.105 *** （0.341）	−0.002 （0.076）
受高中及以上教育人口比例空间杜宾项	0.019 （2.130）	−0.266 （1.843）	0.307 （0.244）
警务支出空间杜宾项	−0.052 *** （0.012）	−0.025 （0.018）	−0.025 （0.017）
控制变量	控制	控制	控制
年固定效应	控制	控制	控制
州固定效应	控制	控制	控制

续表

变量	总体犯罪率 （1）	财产犯罪率 （2）	暴力犯罪率 （3）
似然函数值	−30.4	136.9	2366.6
调整 R^2	0.333	0.344	0.151
观测值	2040	2040	2040

注：（1）因变量是不同犯罪类型的犯罪率，即平均每100个人的犯罪数量。
（2）标准误列示在括号中。
（3）*** 表示 p 值 <0.01，** 表示 p 值 <0.05，* 表示 p 值 <0.1。

系数估计结果的符号符合预期，且在一定显著性水平上显著。对于总体犯罪率和财产犯罪率，λ_3 的估计值显著为正，这与 ISE 的假说一致；不过这也许并不奇怪，因为 FF 通过这一渠道对暴力犯罪的影响很弱。λ_5 的估计结果也在1%显著性水平上显著为正，这与财政分割的蒂伯特排序效应一致。

如表6–10所示，当我们把教育水平作为财政分割的蒂伯特排序效应的代理变量时，估计系数的符号符合预期。对于总体犯罪率和财产犯罪率，λ_3 和 λ_5 的估计结果都在1%显著性水平上为正。值得注意的是，邻近县人均警力支出对该县总体犯罪率具有负面影响，且结果在1%水平上显著，这与财政分割的溢出效应（ISE）一致。

我们还使用了州的样本估计式（6.9），并且包含了一个相邻权重矩阵。估计结果见表6–11，与命题6.3中描述的财政分割的因果机制假说一致。表6–9和表6–10中报告的实证结果是通过大都市地区样本得到的。为了测试估计结果对空间权重矩阵选择的敏感程度，我们利用距离权重矩阵重新估计了式（6.9）。一般而言，我们的估计结果对于空间权重矩阵的选择是稳健的。

表6–11　　犯罪率空间相关性的决定因素（州，按犯罪类型分类）

变量	总体犯罪率 （1）	财产犯罪率 （2）	暴力犯罪率 （3）
空间相关性系数（λ_1）	−0.003 （0.107）	−0.003 （0.110）	0.001 （0.116）
空间交互项系数（λ_3）	0.006 *** （0.001）	0.005 *** （0.001）	0.005 *** （0.001）

变量	总体犯罪率 (1)	财产犯罪率 (2)	暴力犯罪率 (3)
蒂伯特排序效应 (λ_5, FF × 人均收入空间杜宾项)	0.037 *** (0.006)	0.033 *** (0.005)	0.004 *** (0.001)
人均收入空间杜宾项	-4.293 *** (0.769)	-3.812 (0.696)	-0.484 *** (0.147)
警务支出空间杜宾项	-0.105 (0.084)	-0.062 (0.077)	-0.049 *** (0.014)
控制变量	控制	控制	控制
年固定效应	控制	控制	控制
州固定效应	控制	控制	控制
似然函数值	46.2	673.2	5612.2
调整 R^2	0.376	0.381	0.189
观测值	4326	4326	4236

注:(1) 因变量是不同犯罪类型的犯罪率,即平均每 100 个人的犯罪数量。

(2) 标准误列示在括号中。

(3) *** 表示 p 值 < 0.01, ** 表示 p 值 < 0.05, * 表示 p 值 < 0.1。

6.6 结 论

财政分权被广泛视为提高公共部门配置效率的有效手段。财政分权的一个重要方面就是财政分割。根据蒂伯特假说,财政分割允许人们根据对地方公共物品的需求"用脚投票",增加了当地公共物品供给的配置效率,从而解决了我们关注的问题,不仅如此,地方政府之间的竞争还提高了生产的效率。

根据奥茨(1972)著名的关于财政联邦制的论文,分权假说要求满足某些特定条件。司法管辖区在提供地方公共物品时不能有外部的成本或收益。如果司法管辖区由于过分分割而变得太小,那么一定会存在溢出收益(或成本),这时地方政府可能会提高(或降低)当地公共物品的生产。在这种情况下,财政分割可能会损害配置效率而不是促进。此外,财政分权可能会导致某些优质物品（如教育和公共安全）的分配方面存在极度不平等，而这些通常是由美国地方政府提供的。

通过利用1990年、2000年和2010年人口普查年份的美国面板数据，我们探讨了财政分割如何塑造了大都市地区和州之间犯罪率的空间格局。报告的结果与地方政府提供公共安全的简单理论模型的预测相一致。具体来说，我们发现正如模型预测的一样，财政分割会降低一个地区的财产犯罪率，这是分散化提供公共安全的明显优势。然而，这个好处是有代价的。根据模型的预测，财政分割会增加犯罪率的地区间差异，我们也报告了这方面的证据。通过利用改进MLE方法估计含有相乘空间交互项的SAR模型，我们进一步研究了财政分割对犯罪率空间分布影响的内在机制。总之，我们为提供公共安全时面临的公平—效率权衡取舍提供了实证证据。

参考文献

［1］陈建宝、戴平生：《我国各地区教育与 GDP 的空间特征实证分析》，载于《教育与经济》2007 年第 3 期。

［2］崔亚飞：《空间财政简介及研究述评》，载于《地方财政研究》2010 年第 5 期。

［3］邓慧慧、虞义华、龚铭：《空间溢出视角下的财政分权、公共服务与住宅价格》，载于《财经研究》2013 年第 4 期。

［4］冯等田、沈体雁：《中国地方财政支出的空间外部效应研究》，载于《财会研究》2009 年第 6 期。

［5］郭庆旺、贾俊雪：《地方政府间策略互动行为、财政支出竞争与地区经济增长》，载于《管理世界》2009 年第 10 期。

［6］靳春平：《财政政策效应的空间差异性与地区经济增长》，载于《管理世界》2007 年第 7 期。

［7］李刚：《基于 Panel Data 和 SEA 的环境 Kuznets 曲线分析》，载于《统计研究》2007 年第 24 卷第 5 期。

［8］李培：《中国城市经济运行的特征分析》，载于《财政研究》2007 年第 33 卷第 5 期。

［9］李涛、周业安：《中国地方政府间支出竞争研究——基于中国省级面板数据的经验研究》，载于《管理世界》2009 年第 2 期。

［10］李永友、沈坤荣：《辖区间竞争、策略性财政政策与 FDI 增长绩效的区域特征》，载于《经济研究》2008 年第 5 期。

［11］林光平、龙志和、吴梅：《中国地区经济 σ——收敛的空间计量实证分析》，载于《数量经济技术经济研究》2006 年第 4 期。

［12］刘小勇、丁焕峰：《区域公共卫生服务收敛性研究：基于动态空间面板模型的实证分析》，载于《经济评论》2011 年第 4 期。

〔13〕 骆永民：《财政分权对地方政府效率影响的空间面板数据分析》，载于《商业经济与管理》2008 年第 10 期。

〔14〕 骆永民：《财政分权、空间溢出与经济增长》，载于《财贸研究》2008 年第 3 期。

〔15〕 骆祖春、高波、赵奉军：《土地财政的标尺竞争机制与空间效应分析》，载于《学海》2011 年第 6 期。

〔16〕 沈坤荣、付文林：《税收竞争、地区博弈及其增长绩效》，载于《经济研究》2006 年第 6 期。

〔17〕 汪冲：《资本集聚、税收互动与纵向税收竞争》，载于《经济学（季刊）》2011 年第 10 期。

〔18〕 王立平、彭继年、任志安：《我国 FDI 区域分布的区位条件及其地理溢出程度的经验研究》，载于《经济地理》2006 年第 26 卷第 2 期。

〔19〕 王守坤、任保平：《中国省级政府间财政竞争效应的识别与解析：1978～2006 年》，载于《管理世界》2008 年第 11 期。

〔20〕 吴玉鸣、李建霞：《基于地理加权回归模型的省域工业全要素生产率分析》，载于《经济地理》2006 年第 26 卷第 5 期。

〔21〕 吴玉鸣：《中国省域经济增长趋同的空间计量经济分析》，载于《数量经济技术经济研究》2006 年第 12 期。

〔22〕 许海平、傅国华：《城乡收入差距与财政分权的空间计量研究》，载于《经济与管理研究》2013 年第 6 期。

〔23〕 余可：《地方财政支出结构与地区经济增长的空间计量分析》，载于《财经理论与实践》2008 年第 7 期。

〔24〕 曾淑婉：《财政支出、空间溢出与全要素生产率增长——基于动态空间面板模型的实证研究》，载于《财贸研究》2013 年第 1 期。

〔25〕 张宇麟、柳锐：《我国省际财政政策收敛研究：基于空间面板数据模型的分析》，载于《中央财经大学学报》2008 年第 4 期。

〔26〕 Adhikari, B., Alm, J., 2013, "Evaluating the Economic Effects of Flat Tax Reforms Using Synthetic Control Methods", Working Paper.

〔27〕 Agostini, C. A., Brown, P. H., and Zhang, X., 2011, "Neighbor Effects in the Provision of Public Goods in a Young Democracy: Evidence from

China", Adolfo Ibáñez University, School of Government, Working Papers, No. wp_008.

[28] Aidt, T. S., Jensen, P. S., 2009, "The Taxman Tools up: An Event History Study of the Introduction of the Personal Income Tax", *Journal of Public Economics*, 93: 160 – 175.

[29] Alegre, J. G., 2010, "Decentralization and the Composition of Public Expenditure in Spain", *Regional Studies*, 44 (8): 1067 – 1083.

[30] Alesina, A. and Wacziarg R., 1998, "Openness, Country Size and Government", *Journal of Public Economics*, 69: 305 – 321.

[31] Allers, M. and Elhorst, J. P., 2005, "Tax Mimicking and Yardstick Competition among Local Governments in the Netherlands", *International Tax and Public Finance*, 12 (4): 493 – 513.

[32] Alm, J., McKee, M. and Skidmore, M., 1993, "Fiscal Pressure, Tax Competition, and the Introduction of State Lotteries", *National Tax Journal*, 46: 463 – 476.

[33] Amaral, P. V. and Anselin, L., 2013, "Finite Sample Properties of Moran's I Test for Spatial Autocorrelation in Probit and Tobit Models-empirical Evidence", *Papers in Regional Science*, 93 (4): 773 – 781.

[34] Amemiya, T., 1974, "Multivariate Regression and Simultaneous Equation Models when the Dependent Variables are Truncated", *Econometrica*, 42 (6): 999 – 1012.

[35] Andersen, T. G., Sorensen, B. E., 1996, "GMM Estimation of a Stochastic Volatility Model: A Monte Carlo Study", *Journal of Business & Economic Statistics*, 14: 328 – 52.

[36] Andrews, D. W., 2005, "Cross-section Regression with Common Shocks", *Econometrica*, 73: 1551 – 1585.

[37] Anselin, L., 1980, "Estimation Methods for Spatial Autoregressive Structures", Regional Science Dissertation and Monograph Series, Cornell University, Ithaca, NY.

[38] Anselin, L., 1986, "Non-nested Tests on the Weight Structure in

Spatial Autoregressive Models: Some Monte Carlo results", *Journal of Regional Science*, 26 (2): 267 –284.

[39] Anselin, L., 1988, *Spatial Econometrics: Methods and Models*, Kluwer Academic, Dordrecht.

[40] Anselin, L., 1990, "Spatial Dependence and Spatial Structural Instability in Applied Regression Analysis", *Journal of Regional Science*, 30: 185 – 207.

[41] Anselin, L., 2001, "Rao's Score Test in Spatial Econometrics", *Journal of Statistical Planning and Inference*, 97: 113 –39.

[42] Anselin, L., 2003, "Spatial Externalities, Spatial Multipliers, and Spatial Econometrics", *International Regional Science Review*, 26 (2): 153 – 166.

[43] Anselin, L., Le Gallo, J., and Jayet, H., 2008, *Spatial Panel Econometrics*, Springer Berlin Heidelberg, 625 –660.

[44] Anselin, L., Varga, A., and Acs, Z., 1997, "Local Geographic Spillovers between University Research and High Technology Innovations", *Journal of Urban Economics*, 42 (3): 422 –448.

[45] Antalova, L., 2010, "Contemporary Flat-tax Reforms in Eastern Europe. Causes of Diverse Approaches: A comparison of Slovakia, Czech Republic and Germany", Working paper.

[46] Arellano, M., Bond, S., 1991, "Some Tests of Specification for Panel Data: Monte Carlo Evidence and an Application to Employment Equations", *The Review of Economic Studies*, 58: 277 –297.

[47] Autant-Bernard, C., 2012, "Spatial Econometrics of Innovation: Recent Contributions and Research Perspectives", *Spatial Economic Analysis*, 7 (4): 403 –419.

[48] Baltagi, B. H. and Li, D., 1999, "Prediction in the Panel Data Model with Spatial Correlation", In *Advances in Spatial Econometrics: Methodology, Tool, and Applications*, edited by L. Anselin, R. J. G. M. Florax, and S. J. Rey, Heidelberg, Springer.

[49] Baltagi, B. H. and Li, D. , 2001, "Double Length Artificial Regressions for Testing Spatial Dependence", *Econometric Reviews*, 20: 31 – 40.

[50] Banerjee, S. , Wall, M. M. and Carlin, B. P. , 2003, "Frailty Modeling for Spatially Correlated Survival Data, with Application to Infant mortality in Minnesota", *Biostatistics*, 4: 123 – 142.

[51] Banzhaf, H. S. and Walsh, R. P. , 2008, "Do People Vote with Their Feet? An Empirical Test of Tiebout's Mechanism", *The American Economic Review*, 98 (3): 843 – 63.

[52] Bardhan, P. , 2002, "Decentralization of Governance and Development", *Journal of Economic Perspectives*, 16 (4): 185 – 295.

[53] Barro, R. J. , Lee, J. -W. , 2005, "IMF Programs: Who is Chosen and What are the Effects?", *Journal of Monetary Economics*, 52: 1245 – 1269.

[54] Bastos, L. S. and Gamerman, D. , 2006, "Dynamic Survival Models with Spatial Frailty", *Lifetime Data Analysis*, 12: 441 – 460.

[55] Beck, T. , Clarke, G. , Groff, A. , Keefer, P. , Walsh, P. , 2001, "New Tools in Comparative Political Economy: The Database of Political Institutions", *The World Bank Economic Review*, 15: 165 – 176.

[56] Becker, G. S. , 1968, "Crime and Punishment: An Economic Approach", *Journal of Political Economy*, 76: 169 – 169.

[57] Beron, K. J. and Vijverberg, W. P. , 2004, "Probit in a Spatial Context: A Monte Carlo Analysis", In: Advances in Spatial Econometrics, Springer, 169 – 195.

[58] Beron, K. J. et al. , 2004, "Hedonic Price Functions and Spatial Dependence: Implications for the Demand for Urban Air Quality", In *Advances in Spatial Econometrics: Methodology, Tool, and Applications*, edited by L. Anselin, R. J. G. M. Florax, and S. J. Rey, Heidelberg, Springer.

[59] Besag, J. , 1974, "Spatial interaction and the Statistical Analysis of Lattice Systems", *Journal of the Royal Statistical Society: Series B (Methodological)*, 36: 192 – 236.

[60] Besley, T. and Case, A. , 1995, "Incumbent Behavior: Vote See-

king, Tax Setting and Yardstick Competition", *American Economic Review*, 85: 25 - 45.

[61] Bester, C. and Hansen, C., 2009, "Identification of Marginal Effects in a Nonparametric Correlated Random Effects Model", *Journal of Business and Economic Statistics*, 27 (2): 235 - 250.

[62] Besley, T. and Case, A., 1995, "Incumbent Behavior: Vote-seeking, Tax-setting, And Yardstick Competition", *The American Economic Review*, 85: 25 - 45.

[63] Blumkin, T., Sadka, E., Shem - Tov, Y., 2011, "Labor Migration and the Case for Flat Tax", CESifo Working Paper Series, 3471, CESifo Group Munich.

[64] Blundell, R., Bond, S., 1998, "Initial Conditions and Moment Restrictions in Dynamic Panel Data Models", *Journal of Econometrics*, 87: 115 - 143.

[65] Bockstael, N. E., 1996, "Modeling Eonomics and Ecology: The Importance of a Spatial Perspective", *American Journal of Agricultural Economics*, 78: 1168 - 80.

[66] Bom, P. and Ligthart, J., 2014, "What have We Learned from the Three Decades of Research on the Productivity of Public Capital?", *Journal of Economic Surveys*, 28: 889 - 916.

[67] Bowsher, C. G., 2002, "On Testing Overidentifying Restrictions in Dynamic Panel Data Models", *Economics Letters*, 77: 211 - 220.

[68] Brandsma, A. and Ketellapper, R. H., 1979, "A Biparametric Approach to Spatial Autocorrelation", *Environment and Planning A*, 11: 51 - 58.

[69] Bramoull'e, Y., Djebbari, H., and Fortin, B., 2009, "Identification of Peer Effects through Social Networks", *Journal of Econometrics*, 150: 41 - 55.

[70] Brockmeyer, A., 2010, "Does IMF Conditionality Work? Evidence from VAT Adoption", mimeo, London School of Economics, London.

[71] Brueckner, J. K., 2003, "Strategic Interaction among Governments: An Overview of Empirical Studies", *International Regional Science Review*, 26 (2): 175 - 188.

［72］ Burridge, P., 1981, "Testing for a Common Factor in a Spatial Autoregressive Model", *Environment and Planning A*, 13: 795 – 800.

［73］ Caldeira, E., 2012, "Yardstick Competition in a Federation: Theory and Evidence from China", *China Economic Review*, 23 (4): 878 – 897.

［74］ Carlin, B. P. and Banerjee, S., 2003, "Hierarchical Multivariate CAR Models for Spatio-temporally Correlated Survival Data", *Bayesian Statistics*, 7: 45 – 63.

［75］ Carlin, B. P. and Hodges, J. S., 1999, "Hierarchical Proportional Hazards Regression Models for Highly Stratified Data", *Biometrics*, 55: 1162 – 1170.

［76］ Case, A. C., Rosen, H. S., and Hines, J. R., 1993, "Budget Spillovers and Fiscal Policy Interdependence: Evidence from the States", *Journal of Public Economics*, 52 (3): 285 – 307.

［77］ Casetti, E., 1997, "The Expansion Method, Mathematical Modeling, and Spatial Econometrics", *International Regional Science Review*, 20: 9 – 33.

［78］ Chamberlain, G., 1984, *Panel data*, *Handbook of Econometrics*, 2: 1247 – 1318.

［79］ Charlier, E., Melenberg, B., and van Soest, A. H. O., 1995, "A Smoothed Maximum Score Estimator for the Binary Choice Panel Data Model with an Application to Labour Force Participation", *Statistica Neerlandica*, 49 (3): 324 – 342.

［80］ Chen, Y., Li, H., and Zhou, L., 2005, "Relative Performance Evaluation and the Turnover of Provincial Leaders in China", Economics Letters, 88 (3): 421 – 425.

［81］ Chioda, L., 2016, "Stop the Violence in Latin America: A Look at Prevention from Cradle to Adulthood. International Bank for Reconstruction and Development", The World Bank, Washington, DC, 10 – 11.

［82］ Cho, W. K. T., 2003, "Contagion Effects and Ethnic Contribution Networks", *American Journal of Political Science*, 47: 368 – 387.

［83］ Čížek，P.，Lei，J.，Ligthart，J. E.，2016，"Do Neighbours Influence Value-added-tax Introduction? A Spatial Duration Analysis"，*Oxford Bulletin of Economics and Statistics*，DOI：10. 1111/obes. 12136.

［84］ Cizek，P. and Lei，J.，2018，"Identification and Estimation of Nonseparable Single-index Models in Panel Data with Correlated Random Effects"，*Journal of Econometrics*，203（1）：113 – 128.

［85］ Clayton，D. G.，1978，"A Model for Association in Bivariate Life Tables and Its Application in Epidemiological Studies of Familial Tendency in Chronic Disease Incidence"，*Biometrika*，65：141 – 151.

［86］ Cliff，A. and Ord，K.，1973，"Testing for Spatial Autocorrelation among Regression residuals"，*Geographical Analysis*，4（3）：267 – 284.

［87］ Cliff，A. and Ord，J. K.，1981，*Spatial processes：Models and applications*，Pion，London.

［88］ Cohen-Cole，E.，Liu，X.，and Zenou，Y.，2012，"Multivariate Choice and Identification of Social interactions"，CEPR Discussion Paper，No. 9159.

［89］ Cowell，F. A. and Victoria-Feser，M. P.，1996，"Robustness Properties of Inequality Measures"，*Econometrica*，64（1）：77 – 101.

［90］ Cox，D. R.，1972，"Regression Models and Life Tables（with Discussion）"，*Journal of the Royal Statistical Society*，Series B，34：187 – 220.

［91］ Cullen，J. B. and Levitt，S. D.，1999，"Crime, Urban Flight, and the Consequences for Cities"，*The Review of Economics and Statistics*，81（2）：159 – 169.

［92］ Das-Gupta，A. and Gang，I.，2003，"Value Added Tax Evasion, Auditing and Transactions Matching"，in McLaren J.（ ed.），*Institutional Elements of Tax Design*，25 – 48，Washington，D. C.：World Bank.

［93］ Davies，R. B. and Naughton，H. T.，2014，"Cooperation in Environmental Policy：A Spatial Approach"，*International Tax and Public Finance*，21：923 – 954.

［94］ Desai，M. A. and Hines，J. R.，2005，"Value-Added Taxes and

International Trade: The Evidence", mimeo, University of Michigan, Michigan.

[95] Dreher, A., 2006, "IMF and Economic Growth: The Effects of Programs, Loans, And Compliance with Conditionality", *World Development*, 34: 769 – 788.

[96] Dreher, A., and Fischer, J., 2010, "Government Decentralization as a Disincentive for Transnational Terror? An Empirical Analysis", *International Economic Review*, 51 (4): 981 – 1002.

[97] Duncan, D., Gerrish, E., 2014, "Personal Income Tax Mimicry: Evidence from International Panel Data", *International Tax and Public Finance*, 21 (1): 119 – 152.

[98] Duncan, D., Peter, K. S., 2009, "Labor Supply Respond to a Flat Tax? Evidence from the Russian Tax Reform", Andrew Young School of Policy Studies Research Paper Series 09 – 10, Georgia State University, Atlanta.

[99] Duncan, D., Peter, K. S., 2012, "Unequal Inequalities: Do Progressive Taxes Reduce Income Inequality?", IZA Discussion Paper No. 6910, Institut zur Zukunft der Arbeit, Bonn, Germany.

[100] Ebrill, L., Keen, M. and Bodin, J. P., 2001, *The modern VAT*, International Monetary Fund, Washington, D. C.

[101] Egger, P. and Larch, M., 2008, "Interdependent Preferential Trade Agreement Memberships: An Empirical Analysis", *Journal of International Economics*, 76: 384 – 399.

[102] Elhorst, J. P. and Freret, S., 2009, "Evidence of Political Yardstick Competition in France Using a Two-regimes Spatial Durbin Model with Fixed Effects", *Journal of Regional Science*, 49 (5): 931 – 951.

[103] Elhorst, J. P., 2010, "Dynamic Panels with Endogenous Interaction Effects When T Is Small", *Regional Science and Urban Economics*, 40 (5): 272 – 282.

[104] Elhorst, J. P., 2012, "Dynamic Spatial Panels: Models, Methods, and Inferences", *Journal of Geographical Systems*, 14 (1): 5 – 28.

[105] Elhorst, J. P., 2014, "*Spatial Panel Data Models*", Springer Ber-

lin Heidelberg, 37 – 93.

［106］ Eliste, P. and Fredriksson, P. G. , 2004, "Does Trade Liberaliza-tion Cause a Race-to-the-bottom in Environmental Policies? A Spatial Economet-ric Analysis", In *Advances in Spatial Econometrics: Methodology, Tool, and Ap-plications*, edited by L. Anselin, R. J. G. M. Florax, and S. J. Rey, Heidel-berg, Springer.

［107］ Faguet, J. , 2004, "Does Decentralization Increase Government Re-sponsiveness to Local Needs? Evidence from Bolivia", *Journal of Public Econom-ics*, 88: 867 – 893.

［108］ Fan, J. and Gijbels, I. , 1992, "Variable Bandwidth and Local Linear Regression Smoothers", *The Annals of Statistics*, 20 (4): 2008 – 2036.

［109］ Fan, S. , and Zhang, X. , 2004, "Infrastructure and Regional Eco-nomic Development in Rural China", *China Economic Review*, 15: 203 – 214.

［110］ Ferreira, S. G. , Varsano, R. , and Afonso, J. R. , 2005, "Inter-jurisdictional Fiscal Competition: A Review of the Literature and Policy Recom-mendations", *Brazilian Political Economy*, 25: 295 – 313.

［111］ Fingleton, B. , 2004, "Regional Eonomic Growth and Conver-gence: Insights from a Spatial Econometric Perspective", In *Advances in Spatial Econometrics: Methodology, Tool, and Applications*, edited by L. Anselin, R. J. G. M. Florax, and S. J. Rey, Heidelberg, Springer.

［112］ Fleming, M. , 2004, "Techniques for Estimating Spatially Depend-ent Discrete Choice Models", *Advances in spatial econometrics*, 145 – 168.

［113］ Flores-Lagunes, A. and Schnier, K. E. , 2012, "Estimation of Sample Selection Models with Spatial Dependence", *Journal of Applied Econo-metrics*, 27: 173 – 204.

［114］ Fotheringham, A. S. , Brunsdon, C. and Charlton, M. , 2002, *Geographically Weighted Regression*, John Wiley, Chichester.

［115］ Fredriksson, P. G. and Millimet, D. L. , 2002, "Strategic Interac-tion and the Determinants of Enviromental Policy across U. S. States", *Journal of Urban Economics*, 51 (1): 101 – 122.

［116］Freret, S. , 2006, "Spatial Analysis of Horizontal Fiscal Interactions on Local Public Expenditures: The Frence Case", Paper Presented at International Workshop on Spatial Econometrics and Statistics.

［117］Friedman, E. , Johnson, S. , Kaufmann, D. , Zoido-Lobaton, P. , 2000, "Dodging the Grabbing Hand: The Determinants of Unofficial Activity in 69 Countries", *Journal of Public Economics*, 76, 459 – 493.

［118］Gamerman, D. , 1991, "Dynamic Bayesian Models for Survival Data", *Journal of the Royal Statistical Society: Series C (Applied Statistics)*, 40: 63 – 79.

［119］Gelman, A. and Rubin, D. B. , 1992, "Inference from Iterative Simulation using Multiple Sequences", *Statistical Science*, 7: 457 – 472.

［120］Gelman, A. , Carlin, J. B. , Stern, H. S. and Rubin, D. B. , 2004, *Bayesian Data Analysis*, Chapman and Hall, London.

［121］Geman, S. and Geman, D. , 1984, "Stochastic Relaxation, Gibbs Distributions, And the Bayesian Restoration of Images", *IEEE Transactions on Pattern Analysis and Machine Intelligence*, 6: 721 – 741.

［122］Gimpel, J. G. , 1999, *Separate Destinations: Migration, Immigration and the Politics of Places*, University of Michigan Press, Ann Arbor, MI.

［123］Gimpel, J. G. and Schuknecht, J. E. , 2003, "Political Participation and the Accessibility of the Ballot Box", *Political Geography*, 22: 471 – 488.

［124］Gleditsch, K. S. and Wald, M. D. , 2000, "War and Peace in Space and Time: The Role of Democratization", *International Studies Quaterly*, 44: 507 – 548.

［125］Gorodnichenko, Y. , Martinez-Vazquez, J. , Peter, K. , 2009, "Myth and Reality of Flat Tax Reform: Micro Estimates of Tax Evasion Response and Welfare Effects in Russia", *Journal of Political Economy*, 117: 504 – 554.

［126］Gourieroux, C. and Monfort, A. , 1997, *Simulation-Based Econometric Methods*, Oxford University Press, New York.

［127］Gupta, S. , 1991, "Stochastic Models of Interpurchase Time with Time-dependent Covariates", *Journal of Marketing Research*, 28: 1 – 15.

[128] Hadler, S., Moloi, C., Wallace, S., 2007, "Flat Rate Taxes: A Policy Note", International Studies Program Working Paper 07 – 06, Georgia State University, Atlanta.

[129] Haining, R., 1978, "The Moving Average Model for Spatial Interaction. Transactions", *Institute of British Geographers*, 3: 202 – 225.

[130] Hakim, S., Ovadia, A., Sagi, E., and Weinblatt, J., 1979, "Interjurisdictional Spillover of Crime and Police Expenditure", *Land Economics*, 55 (2): 200 – 212.

[131] Hall, R. E., Rabushka, A., 1985, *The Flat Tax*, Stanford: Hoover Institution Press, Cambridge.

[132] Härdle, W. and Stoker, T. M., 1989, "Investigating Smooth Multiple Regression by the Method of Average Derivatives", *Journal of the American Statistical Association*, 84 (408): 986 – 995.

[133] Hastings, W. K., 1970, "Monte Carlo Sampling Methods using Markov Chains and Their Applications", *Biometrika*, 57: 97 – 109.

[134] Heagerty, P. J., Kurland, B. F., 2001, "Misspecifid Maximum Likelihood Estimates and Generalised Linear Mixed Models", *Biometrika*, 88: 973 – 985.

[135] Hemming, K. and Shaw, J. E. H., 2002, "Aparametric Dynamic Survival Model Applied to Breast Cancer Survival Times", *Journal of the Royal Statistical Society: Series C (Applied Statistics)*, 51: 421 – 435.

[136] Hoderlein, S. and White, H., 2012, "Nonparametric Identification in Nonseparable Panel Data Models with Generalized Fixed Effects", *Journal of Econometrics*, 168 (2): 300 – 314.

[137] Honoré, B. E., 1992, "Trimmed LAD and Least Squares Estimation of Truncated and Censored Regression Models with Fixed Effects", *Econometrica*, 60 (3): 533 – 565.

[138] Hoxby, C. M., 2000, "Does Competition among Public Schools Benefit Students and Taxpayers?", *The American Economic Review*, 90 (5): 1209 – 1238.

［139］ Hristache, M. , Juditsky, A. and Spokoiny, V. , 2001, "Direct Estimation of the Index Coefficient in a Single-index Model", *The Annals of Statistics*, 29 (3): 595 –623.

［140］ Ioannides, Y. M. , 2004, "Economic Geography and the Spatial Evolution of Wages in the United States", In *Advances in Spatial Econometrics: Methodology, Tool, and Applications*, edited by L. Anselin, R. J. G. M. Florax, and S. J. Rey, Heidelberg, Springer.

［141］ Ivanova, A. , Keen, M. , Klemm, A. , 2005, "The Russian 'flat tax' reform", *Economic Policy*, 20: 397 –444.

［142］ Jacobs, J. , Samarina, A. , Heijnen, P. , and Elhorst, P. , 2013, "State Transfers at Different Moments in Time: A Spatial Probit Approach", Tech. rep. , University of Groningen, Research Institute SOM (Systems, Organisations and Management).

［143］ Ji, K. , Magnus, J. R. , Wang, W. , 2013, "Natural Resources, Institutional Quality, and Economic Growth in China", *Environmental and Resource Economics*, 57: 323 –343.

［144］ Jia, J. , Guo, Q. , and Zhang, J. , 2014, "Fiscal Decentralization and Local Expenditure Policy in China", China Economic Review, 28: 107 –122.

［145］ Johnson, S. , Kaufmann, D. , Zoido-Lobaton, P. , 1998, "Regulatory Discretion and the Unofficial Economy", *American Economic Review*, 88: 387 –392.

［146］ Kass, R. E. , Carlin, B. P. , Gelman, A. and Neal, R. M. , 1998, "Markov Chain Monte Carlo in Practice: A Roundtable Discussion", *The American Statistician*, 52: 93 –100.

［147］ Kaufmann, D. , Kraay, A. , Mastruzzi, M. , 2009, "Governance Matters VIII: Aggregate and Individual Governance Indicators, 1996 –2008", SSRN eLibrary.

［148］ Keen, M. , Kim, Y. , Varsano, R. , 2008, "The 'Flat Tax (es)': Principles and Experience", *International Tax and Public Finance*, 15:

712 - 751.

[149] Keen, M. , Lockwood, B. , 2010, "The Value Added Tax: Its Causes and Consequences", *Journal of Development Economics*, 92, 138 - 151.

[150] Kelejian, H. H. and Piras, G. , 2014, "Estimation of Spatial Models with Endogenous Weighting Matrices, And an Application to a Demand Model for Cigarettes", *Regional Science and Urban Economics*, 46: 140 - 149.

[151] Kelejian, H. H. and Robinson, D. , 1993, "A Suggested Method of Estimation for Spatial Interdependent Models with Auto-correlated Errors, And an Application to a County Expenditure Model", *Papers in Regional Science*, 72: 297 - 312.

[152] Kelejian, H. H. and Prucha, I. R. , 1999, "A Generalized Moments Estimator for the Autoregressive Parameter in a Spatial Model", *International economic review*, 40 (2): 509 - 533.

[153] Kelejian, H. H. and Prucha, I. R. , 2002, "2SLS and OLS in a Spatial Autoregressive Model with Equal Spatial Weights", *Regional Science and Urban Economics*, 32 (6): 691 - 707.

[154] Kelejian, H. H. and Prucha, I. R. , and Yuzefovich, Y. , 2004, "Instrumental Variable Estimation of a Spatial Autoregressive Model with Autoregressive Disturbances: Large and Small Sample Results", *Advances in Econometrics: Spatial and Spatio-Temporal econometrics*, 163 - 198.

[155] Kim, C. W. , Phipps, T. T. , and Anselin, L. , 2003, "Measuring the Benefits of Air Quality Improvement: A Spatial Hedonic Approach", *Journal of Environmental Economics and Management*, 45: 24 - 39.

[156] Klier, T. and McMillen, D. , 2008, "Clustering of Auto Supplier Plants in the United States", *Journal of Business & Economic Statistics*, 26 (4): 460 - 471.

[157] Kuersteiner, G. M. and Prucha, I. R. , 2015, "Dynamic Spatial Panel Models: Networks, Common Shocks, and Sequential Exogeneity", CESifo Working Paper.

[158] Kyriazidou, E. , 1997, "Estimation of a Panel Data Sample Selec-

tion Model", Econometrica, 65 (6): 1335 – 1364.

[159] Ladd, H. F. , 1992, "Mimicking of Local Tax Burdens among Neighboring Counties", Public Finance Quarterly, 20: 450 – 467.

[160] Lancaster, T. , 2000, "The Incidental Parameter Problem since 1948", *Journal of Econometrics*, 95 (2): 391 – 413.

[161] Lee, L. F. , 2002, "Consistency and Efficiency of Least Squares Estimation for Mixed Regressive, Spatial Autoregressive Models", *Econometric Theory*, 18: 252 – 277.

[162] Lee, L. F. , 2007a, "Identification and Estimation of Econometric Models With Group Interactions, Contextual Factors and Fixed Effects", *Journal of Econometrics*, 140: 333 – 374.

[163] Lee, L. , 2007b, "GMM and 2SLS Estimation of Mixed Regressive, Spatial Autoregressive Models", *Journal of Econometrics*, 137 (2): 489 – 514.

[164] Lee, L. and Yu, J. , 2010a, "Some Recent Developments in Spatial Panel Data Models", *Regional Science and Urban Economics*, 40 (5): 255 – 271.

[165] Lee, L. , and Yu, J. , 2010b, "Estimation of Spatial Autoregressive Panel Data Models with Fixed Effects", *Journal of Econometrics*, 154 (2): 165 – 185.

[166] Lee, L. and Yu, J. , 2012, "QML Estimation of Spatial Dynamic Panel Data Models with Time Varying Spatial Weights Matrices", *Spatial Economic Analysis*, 7 (1): 31 – 74.

[167] LeSage, J. , 2000, "Bayesian Estimation of Limited Dependent Variable Spatial Autoregressive Models", *Geographical Analysis*, 32 (1): 19 – 35.

[168] LeSage, J. , and Pace, R. , 2009, *Introduction to Spatial Econometrics*, Boca Raton, FL: CRC Press.

[169] Lei, J. , 2013, "Smoothed Spatial Maximum Score Estimation of Spatial Autoregressive Binary Choice Panel Models", CentER Discussion Paper, 61.

[170] Li, Q. , Lu, X. and Ullah, A. , 2003, "Multivariate Local Poly-

nomial Regression for Estimating Average Derivatives", *Journal of Nonparametric Statistics*, 15 (4 – 5): 607 – 624.

[171] Levitt, S. D., 2002, "Using Electoral Cycles in Police Hiring to Estimate the Effects of Police on Crime: Reply", *The American Economic Review*, 92 (4): 1244 – 1250.

[172] Liu, X., Lee, L. F., and Bollinger, C., 2010, "An Efficient GMM of Spatial Autoregressive Models", *Journal of Econometrics*, 159 (2).

[173] Liu, X., 2014, "Identification and Efficient Estimation of Simultaneous Equations Network Models", *Journal of Business & Economic Statistics*, 32 (4): 516 – 536.

[174] Liu, X. and Lee, L. F., 2010, "GMM Estimation of Social Interaction Models with Centrality", *Journal of Econometrics*, 159: 99 – 115.

[175] Liu, X. Patacchini, E., and Zenou, Y., 2014, "Endogenous Peer Effects: Local Aggregate or Local Average?", *Journal of Economic Behavior & Organization*, 103: 39 – 59.

[176] Liu, Y., 2014, "Does Competition for Capital Discipline Governments? The Role of Fiscal Equalization", *International Tax and Public Finance*, 21 (3): 345 – 374.

[177] Liu, Y., 2016, "Do Government Preferences Matter for Tax Competition?", *International Tax and Public Finance*, 23 (2): 343 – 367.

[178] Madiès, T. and Dethier, J., 2010, "Fiscal Competition in Developing Countries: A Survey of the Theoretical and Empirical Literature", World Bank policy research working paper, No. 5311.

[179] Manski, C., 1987, "Semiparametric Analysis of Random Effects Linear Models from Binary Panel Data", *Econometrica*, 357 – 362.

[180] Manski, C. F., 1993, "Identification of Endogenous Social Effects: The Reflection Problem", *The Review of Economic Studies*, 60: 531 – 542.

[181] Marrocu, E., Paci, R., and Usai, S., 2013, "Proximity, Networking and Knowledge Production in Europe: What Lessons for Innovation Policy?", *Technological Forecasting and Social Change*, 80 (8): 1484 – 1498.

[182] Marsh, T. L. and Mittelhammer, R. C., 2004, "Generalized Maximum Entropy Estimation of a First Order Spatial Autoregressive Model", *Advances in Econometrics*, 18: 199 – 234.

[183] McMillen, D., 1992, "Probit with Spatial Autocorrelation", *Journal of Regional Science*, 32 (3): 335 – 348.

[184] Mehay, S. L., 1977, "Interjurisdictional Spillovers of Urban Police Services", *Southern Economic Journal*, 43 (3): 1352 – 1359.

[185] Moody, C., and Marvell, T., 2010, "On the Choice of Control Variables in the Crime Equation", *Oxford Bulletin of Economics and Statistics*, 72 (5): 696 – 715.

[186] Moreno, R. et al., 2004, "External Effects and Cost of Production", In *Advances in Spatial Econometrics: Methodology, Tool, and Applications*, edited by L. Anselin, R. J. G. M. Florax, and S. J. Rey, Heidelberg, Springer.

[187] Mossi, M. B., Aroca, P., Fernandez, I. J., and Azzoni, C. R., 2003, "Growth Dynamics and Space in Brazil", *International Regional Science Review*, 26: 393 – 418.

[188] Murdoch, J. C., Sandler, T., and Sargent, K., 1997, "A Tale of Two Collectives: Sulfur versus Nitrogen Oxides Emission Reduction in Europe", *Economica*, 64: 281 – 301.

[189] Nechyba, T. J., 2003, "Centralization, Fiscal Federalism, and Private School Attendance", *International Economic Review*, 44 (1): 179 – 204.

[190] Nelson, G. C. and Hellerstein, D., 1997, "Do Roads Cause Deforestation? Using Satellite Images in Econometric Analysis of Land Use", *American Journal of Agricultural Economics*, 79: 80 – 88.

[191] Newey, W. and Stoker, T., 1993, "Efficiency of Weighted Average Derivative Estimators and Index Models", *Econometrica*, 61 (5): 1199 – 1223.

[192] Oates, W. E., 1972, *Fiscal Federalism*, New York: Harcourt, Brace, Jovanovich.

[193] Ord J. K., 1975, "Estimation Methods for Models of Spatial Inter-

action", *Journal of the American Statistical Association*, 70: 120 – 126.

[194] Overton, M., 2016, "Sorting through the Determinants of Local Government Competition", *The American Review of Public Administration*, forthcoming.

[195] Pace, R. and LeSage, J., 2011, "Fast Simulated Maximum Likelihood Estimation of the Spatial Probit Model Capable of Handling Large Samples", Available at SSRN 1966039.

[196] Paelinck, J. and Klaassen, L., 1979, "*Spatial econometrics*", Saxon House, Farnboroug.

[197] Patacchini, E. and Zenou, Y., 2007, "Ethnicity and Spatial Externalities in Crime", CEPR Discussion Papers 6130.

[198] Pesaran, M. H., 2006, "Estimation and Inference in Large Heterogenous Panels with Cross Section Dependence", *Econometrica*, 74: 967 – 1012.

[199] Peter, K. S., 2009, "Income Tax Flattening: Does it Help to Reduce the Shadow Economy?", IZA Discussion Paper No. 4223, Institute for the Study of Labor (IZA).

[200] Qiao, B., Fan, J., and Peng, X., 2006, "Intergovernmental Transfer Payment and the Fiscal Efforts of Local Governments", *Management World*, (3): 50 – 56 (in Chinese).

[201] Qu, X. and Lee, L. F., 2012, "LM Tests for Spatial Correlation in Spatial Models with Limited Dependent Variables", *Regional Science and Urban Economics*, 42 (3): 430 – 445.

[202] Qu, X. and Lee, L. F., 2013, "Locally most Powerful Tests for Spatial Interactions in the Simultaneous SAR Tobit Model", *Regional Science and Urban Economics*, 43: 307 – 321.

[203] Redoano, M., 2007, "Fiscal Interactions among European Countries: Does the EU Matter?" CAGE Online Working Paper Series 102, Competitive Advantage in the Global Economy (CAGE).

[204] Revelli, F., 2002, "Local Taxes: National Politics and Spatial Interactions in English District Election Results", *European Journal of Political*

Economy, 18: 28 – 299.

[205] Revelli, F. , 2003, "Reaction or Interaction? Spatial Process Iden-
tification in Multi-tiered Government Structures", *Journal of Urban Economics*,
53 (1): 29 – 53.

[206] Revelli, F. , 2005, "On Spatial Public Empirics", *International
Tax and Public Finance*, 9 (3): 235 – 257.

[207] Revelli, F. , 2006, "Performance Rating and Yardstick Competition in
Social Service Provision", *Journal of Public Economics*, 90 (3): 459 – 475.

[208] Rey, S. J. and Montouri, B. D. , 1999, "U. S. Regional Income Con-
vergence: A Spatial Eonometric Perspective", *Regional Studies*, 33: 143 – 56.

[209] Robinson, P. M. , 2008, "Correlation Testing in Time Series, Spa-
tial and Cross-section Data", *Journal of Econometrics*, 147: 5 – 16.

[210] Rodrik, D. , 1998, "Why do More Open Economies have Bigger
Governments? ", *Journal of Political Economy*, 106: 997 – 1032.

[211] Roodman, D. , 2009, "How to do Xtabond2: An Introduction to
'Difference' and 'System' GMM in Stata", *Stata Journal*, 9: 86 – 136
(51).

[212] Shaw, M. , 2001, "The Role of Local Government in Community
Safety", *Bureau of Justice Assistance*, U. S. Department of Justice, Washington,
DC, 11 – 12.

[213] Starr, H. , 2001, "Using Geographic Information Systems to Revisit
Enduring Rivalries: The Case of Israel", *Geopolitics*, 5: 37 – 56.

[214] Tiebout, C. M. , 1956, "A Pure Theory of Local Expenditures",
Journal of Political Economy, 64: 416 – 424.

[215] Torgler, B. , Schneider, F. , 2009, "The Impact of Tax Morale and
Institutional Quality on the Shadow Economy", *Journal of Economic Psychology*,
30 (2): 228 – 245.

[216] Vaya, E. et al. , 2004, "Growth and Externalities across Econo-
mies: An Empirical Analysis using Spatial Econometrics", In *Advances in Spatial
Econometrics: Methodology, Tool, and Applications*, edited by L. Anselin,

R. J. G. M. Florax, and S. J. Rey, Heidelberg, Springer.

［217］Vijverberg, W. , Fu, F. , and Vijverberg C. , 2011, "Public Infra-structure as a Determinant of Productive Performance in China", *Journal of Productivity Analysis*, 36: 91 – 111.

［218］Wang, H. , Iglesias, E. M. and Wooldridge, J. M. , 2013, "Partial Maximum Likelihood Estimation of Spatial Probit Models", *Journal of Econometrics*, 172 (1): 77 – 89.

［219］West, L. A. and Wong, C. P. W. , 1995, "Fiscal Decentralization and Growing Regional Disparities in Rural China: Some Evidence in the Provision of Social Services", *Oxford Review of Economic Policy*, 11: 70 – 84.

［220］Wilson, J. D. , 1999, "Theories of Tax Competition", *National Tax Journal*, 52: 269 – 304.

［221］World Bank, 2002, "China National Development and Sub-national Finance: A Review of Provincial Expenditures", *World Bank Report* 22951-*CHA*, Washington, DC: World Bank.

［222］World Bank, 2006, "Where is the Wealth of Nations? ", Washington: World Bank.

［223］Xu, C. , 2010, "The Institutional Foundations of China's Reforms and Development", CEPR Discussion Paper, No. 7654.

［224］Xu, X. and Lee, L. F. , 2015a, "A Spatial Autoregressive Model with a Nonlinear Transformation of the Dependent Variable", *Journal of Econometrics*, 186 (1): 1 – 18.

［225］Xu, X. and Lee, L. F. , 2015b, "Maximum Likelihood Estimation of a Spatial Autoregressive Tobit Model", *Journal of Econometrics*, 188 (1): 264 – 280.

［226］Yu, Y. , Zhang, L. , Li, F. , and Zheng, X. , 2011, "On the Determinants of Public Infrastructure Spending in Chinese Cities: A Spatial Econometric Perspective", *Social Science Journal*, 48: 458 – 467.

［227］Zhang, H. , and Chen, X. , 2007, "Fiscal Competition and the Structure of Local Public Expenditure in China", *Frontiers of Economics in Chi-*

na, 2 (2): 237 – 249.

[228] Zheng, X. , Li, F. , Song, S. , and Yu, Y. , 2013, "Central Government's Infrastructure Investment across Chinese Regions: A Dynamic Spatial Panel Data Approach", *China Economic Review*, 27: 264 – 276.

[229] Zheng, X. , Song, F. , Yu, Y. , and Song, S. , 2014, "In Search of Fiscal Interactions: A Spatial Analysis of Chinese Provincial Infrastructure Spending", MPRA Paper, No. 61615.

[230] Zoutman, F. T. , Jacobs, B. , Jongen, E. L. W. , 2013, "Optimal Redistributive Taxes and Redistributive Preferences in the Netherlands", Working paper.

后　记

　　虽然空间计量经济学是计量经济学领域发展较晚的一个年轻的分支，但是最近40年，空间计量经济学获得了巨大发展，已逐步从边缘进入计量经济学的主流并在诸多学科中得到了广泛的应用。

　　在公共经济学领域，随着空间计量被引入定量研究财政行为的空间效应，"空间财政"的概念应运而生。许多学者在空间经济学框架下讨论公共经济和公共政策的问题，可以说，空间经济学范式的应用和创新进一步丰富了财政学的理论内涵。因此，探讨空间计量经济学理论模型及估计方法在财政学主要问题上的应用，对于财政学理论和实证研究都具有重要意义。

　　本书在撰写过程中得到了很多人的支持与鼓励。感谢我的合作者们慷慨大度地允许我在本书中使用我们的一些合作研究成果。感谢我的学生在内容创新、文字校对和整理等方面付出的辛勤劳动。感谢中国人民大学2019年度"中央高校建设世界一流大学（学科）和特色发展引导专项资金"的资助。在此对所有帮助过我的人和单位表示感谢！

图书在版编目（CIP）数据

空间计量与财政实证研究／雷敬华著．—北京：
经济科学出版社，2019.4
ISBN 978 - 7 - 5218 - 0470 - 6

Ⅰ.①空… Ⅱ.①雷… Ⅲ.①区位经济学 - 计量经济学 -
研究 - 中国②财政学 - 研究 - 中国 Ⅳ. ①F224.0②F810

中国版本图书馆 CIP 数据核字（2019）第 073689 号

责任编辑：初少磊
责任校对：王肖楠
技术编辑：李　鹏

空间计量与财政实证研究

雷敬华　著

经济科学出版社出版、发行　新华书店经销
社址：北京市海淀区阜成路甲 28 号　邮编：100142
总编部电话：010 - 88191217　发行部电话：010 - 88191540
网址：www.esp.com.cn
电子邮件：esp@esp.com.cn
天猫网店：经济科学出版社旗舰店
网址：http://jjkxcbs.tmall.com
北京季蜂印刷有限公司印装
710 × 1000　16 开　10.75 印张　170000 字
2019 年 5 月第 1 版　2019 年 5 月第 1 次印刷
ISBN 978 - 7 - 5218 - 0470 - 6　定价：38.00 元
（图书出现印装问题，本社负责调换。电话：010 - 88191510）
（版权所有　侵权必究　打击盗版　举报热线：010 - 88191661
QQ：2242791300　营销中心电话：010 - 88191537
电子邮箱：dbts@esp.com.cn）